すぐに使えて一生役立つ

大人の
語彙力

はじめに

　ビジネスを円滑に進めるには、相手と良質なコミュニケーションを取るための「語彙力」が欠かせません。しかし、単に言葉の知識が多いだけでは不十分です。相手や場面に応じて適切な表現を選べること、それが真の「大人の語彙力」であると言えるでしょう。

　本書では、仕事で使う基本フレーズを始め、周囲から一目置かれるような言い回しまで幅広く語彙を集め、使い方の要点をまとめました。
　随所にある Level Up の項目では、言葉の由来や似た表現の使い分けなど、語彙に関する知識が身につきます。また、言葉を言い換えることで会話が上手になるコツも紹介しています。

　本書を読めば、すぐに多様な表現を使えるようになるはずです。一生役立つ「大人の語彙力」を身につけ、さらなる成功を目指しましょう。

もくじ

chapter 1
仕事に欠かせないお願いの仕方

scene 01　お願いする …………………………… 8

言い換えで会話の達人　好かれる会話のつなぎ方 ………… 16

手紙で使える四季の言葉　春 …………………………… 30

chapter 2
オフィスで使う基本フレーズ

scene 02　感謝する ………………………………… 32

scene 03　強調する・程度を示す ………………… 40

scene 04　共感する ………………………………… 46

言い換えで会話の達人　聞き上手になるあいづち ……… 50

scene 05　受け答えをする ………………………… 52

手紙で使える四季の言葉　夏 …………………………… 56

chapter 3
トラブルを円く収める表現

scene 06 謝る ……………………………………… 58

`言い換えで会話の達人` 印象がアップする伝え方 ………… 72

scene 07 断る ……………………………………… 74

scene 08 主張する ………………………………… 82

`手紙で使える四季の言葉` 秋 …………………………… 90

chapter 4
つき合いが深まるあいさつの言葉

scene 09 あいさつする ………………………… 92

`言い換えで会話の達人` 距離を縮めるあいさつ ………… 104

scene 10 誘う・誘われる ……………………… 106

scene 11 お祝いを述べる ……………………… 112

scene 12 お悔やみを述べる …………………… 116

scene 13 物を贈る・もらう …………………… 118

`手紙で使える四季の言葉` 冬 …………………………… 122

chapter 5
関係を円滑にする表現

scene 14 ほめる ································· 124

scene 15 立てる・へりくだる ··············· 140

言い換えで会話の達人 不快にさせない反論の仕方 ······ 144

scene 16 アドバイスする ·················· 146

四季折々の言葉 夜 ···························· 150

chapter 6
会議や打ち合わせで使える一言

scene 17 決意を示す ······················ 152

scene 18 質問する ························· 158

言い換えで会話の達人 話を深める質問＆答え方 ········· 160

scene 19 意見を言う・説明する ··········· 162

scene 20 アピールする ··················· 170

四季折々の言葉 天気 ·························· 174

chapter **1**

仕事に欠かせない
お願いの仕方

scene 01 お願いする

　仕事を円滑に進める上で役に立つ、お願いの仕方をマスターしましょう。

✔ お願いするときのポイント

　お願いをするときは「恐れ入りますが」「失礼なお願いですが」などのクッション言葉を添えて伝えましょう。相手のことを思いやっている、丁寧に接しているという印象を与え、内容を柔らかく伝えることができます。

　また、クッション言葉はお願いをするときだけでなく、断る、指摘するなど言いにくいことを伝えるときにも使えます。

基本

お願いの仕方

請求書を送ってください。

お手数ですが、
請求書をご送付願います。

▶ 相手に対応してもらうことは、貴重な時間を割いてもらうことでもあります。「お手数ですが」と、相手に手間をかけることへの配慮を示す表現を使いましょう。

― Level Up ―

状況に合わせたクッション言葉を

　クッション言葉が表す内容はさまざまです。申し訳ないという気持ちを表現するには「恐縮ですが」、相手の都合を尊重するには「差し支えなければ」、指摘するときには「誠に申し上げにくいのですが」、断るときには「あいにくですが」など、相手や自分の状況に応じて使い分けましょう。

基本

メールを送ったので、確認してください。

メールをお送りいたしましたので、
ご確認いただけますか。

▶ 疑問形にすると相手を尊重する表現になるため、内容を柔らかく伝えることができます。「…していただけると、ありがたいのですが」など、仮定の表現も同様の効果があります。

基本

手伝ってください。

お忙しいところ恐れ入りますが、ご協力いただけますか。

▶ お願いするときの基本のフレーズ。他に「ご多用のところ」「ご多忙のところ」「ご多忙の折」などの表現があります。

Level Up

「今、お時間よろしいでしょうか」

忙しそうな上司にお願い事をするときは、このフレーズを使いましょう。「恐れ入ります。○○の件で相談があるのですが、3分だけお時間いただいてもよろしいでしょうか」など、クッション言葉とともに具体的な内容と時間を伝えると、相手に心づもりができるので、さらに聞いてもらいやすくなります。

初級

資料を作ってもらえますか。

お手をわずらわせて恐縮ですが、資料をご作成いただけますか。

▶ 似た表現に「お使い立てして」「ご苦労をおかけして」がありますが、これらは目上の人には使えないので注意する必要があります。

中級

納期を１日延ばしてもらえませんか。

勝手申し上げますが、納期を１日延ばしていただくことは可能でしょうか。

▶ こちら側の事情によりお願いをする場合は「勝手申し上げますが」「勝手なお願いで恐縮ですが」という表現で、自分の都合で申し訳ないという気持ちを伝えましょう。

上級

修正してください。

不躾(ぶしつけ)なお願いではございますが、ご修正いただけますか。

▶ 「不躾」は無作法である、相手への礼を欠いているという意味。難しいお願いや急なお願いのときに使います。似た表現では「厚かましいお願いですが」などがあります。

─── Level Up ───

クッション言葉の注意点

　便利なクッション言葉ですが、深く考えず形式的につけたり、むやみに使いすぎたりすると、わざとらしく感じられたり、よそよそしい印象を与えてしまったりする場合があります。「慇懃無礼(いんぎんぶれい)」（あまりに丁寧すぎてかえって失礼に感じられる様子）にならないように注意しましょう。

初級

今回は〇〇さんがしてください。

今回は〇〇さんに、是非ともお願いいたします。

▶ 「是非とも」という言葉は、こちらの熱意を伝えることができる言葉です。強い表現なので、ここぞというときに使いましょう。似た表現に「何卒」「切に」などがあります。

― **Level Up** ―

アイメッセージを使う

「…してください」という言葉は相手が主語であるのに対し、「お願いします」「…していただけると幸いです」という言葉は自分（＝ *I* ）が主語のアイメッセージです。同じ内容でも、相手に対する命令ではなく自分の気持ちとして伝えるニュアンスになるので、より相手の心に届きやすくなります。

初級

この案件は〇〇さんにやってほしいです。

この案件は、経験豊富な〇〇さんにお願いしたいと存じます。

▶ 重要な頼み事をするときは、相手の能力を見込んで頼んでいるという表現を用いると、相手は特別感を覚えて受けてくれやすくなります。

初級

暇なときに見ておいてください。

お手すきの際に、ご確認 いただけましたら幸いです。

▶ 相手に対し「暇なときに」と言ってしまうのは失礼にあたります。急ぎでない用事をお願いするときは「お手すきの際に（でも）」という表現を使いましょう。

中級

部長、話があります。

部長、折り入って話がございます。

▶ 「折り入って」は心を込めて、特別にという意味で、相手を信頼して大事な相談をするときに使います。重要度が高いことを話す前に相手に伝えることができます。

—— Level Up ——

「白羽の矢が立つ」

「神への生贄に選ばれる家に白い羽を立てた」というのが語源で、元々は「犠牲者に選ばれる」という意味があります。現在では「新たなリーダーとして、○○さんに白羽の矢が立った」など、誰かが抜擢されて重要な役目を負うときに使われるようになりました。ちなみに「白羽の矢が当たる」という表現は誤りです。

初級

予算は、これでお願いします。

> 予算の件については、
> 一度ご相談させてください。

▶ 予算や納期など、相手がすぐに答えを出せない内容については、この表現を使うと相手に負担感が少なく伝わります。「ご相談いたしたく存じます」とすると、より丁寧です。

中級

どうか契約してください。

> ご契約の件、どうか
> ご善処いただきたく存じます。

▶ 「善処」とは、その場に応じた適切な処置をすることです。相手に対し、前向きな返答をお願いするときに使います。

───── **Level Up** ─

「善処いたします」は要注意！

「善処」という言葉は、こちらからお願いするときだけでなく、相手からの要求に対して明確な返答を避けるときにも「善処いたします」などと使います。便利なフレーズですが、曖昧な表現なので、使うときは必ずあとで返事を伝えるなどして、誤解を招かないよう気をつけましょう。

初級

お願いの仕方

何度もすみませんが、○○の件で相談が…

↓

たびたび恐れ入りますが、○○の件で相談が…

▶ 連続してお願いをするときは、「たびたび」を入れましょう。似た表現では「立て続けに」や、断続的に物事が行われる意味の「五月雨式で」などがあります。

中級

○○さん、プレゼン頑張ってください。

↓

○○さんのプレゼン力には期待しています。

▶ 部下や後輩にもっと力を出してほしいときは、単に「頑張れ」と言うのではなく、「期待している」と言い換えて評価していることを伝えると、モチベーションが上がります。

上級

配慮してくれると嬉しいです。

↓

ご高配いただけますと幸甚に存じます。

▶ 「…していただけると幸いです」というフレーズを、より丁寧にした表現。おもに文章で用いられます。「ご高配」は「ご配慮」より相手を敬う気持ちが強い言葉です。

言い換えで会話の達人

>> 好かれる会話のつなぎ方

相手の気持ちに沿って
話をつなげよう。

お願いの仕方

■軽い話でも否定しない

　世間話は、人間関係を築くベースとなる大切なもの。しかしながら、会話の中で相手の言葉を悪気なく否定している場合もあるものです。相手がどんな気持ちを伝えたくてその話題を出したのかを考え、その気持ちに沿うような言葉をつなげましょう。

■相手の様子を感じながら聞く

　自分の言いたいことだけを言わず、相手の話を聞きましょう。相手が急いでいるようであればこちらも簡潔に受け答えをし、しんみりと話しかけられたのであれば落ち着いてゆっくりと応じるなど、相手の感情や状況を感じ取って対応することが大切です。

初級

参加してください。

是非ご参加賜りますよう
お願い申し上げます。

▶ 他に「ご臨席」「ご列席」という表現もあります。「ご来駕」「ご光臨」は、よりかしこまった場面に使いましょう。なお、「ご光臨」は誤って「ご降臨」と書かないよう注意が必要です。

上級

何としても来てください。

万障お繰り合わせの上、ご光臨
賜りますようお願い申し上げます。

▶ 「万障お繰り合わせの上」はあらゆる不都合を調整してという意味で、相手に出席を求める強い表現です。相手の出席が必要な式典など、改まった席での招待状などに用います。

―― Level Up ――

参加を表明するときの表現

　集まりに出席する際の返事は「喜んで（慶んで）出席させていただきます」といったフレーズが基本ですが、何があっても絶対に行くという強い気持ちを込めて「万難を排して参ります」と表現することもできます。ただし、これは軽々しく使わず、改まったパーティーや式典などに参加する際に使いましょう。

18

基本

一緒に来てくれませんか。

ご同行願えますか。

▶ 部下が上司に対し、打ち合わせなどに来てくれるようお願いするときの基本フレーズ。「ご同行いただけますと幸いに存じます」などとすると、より丁寧な表現になります。

初級

来てください。

是非お運びくださいますよう、お願い申し上げます。

▶ 「足を」をつけなくても「お運びになる・お運びくださる」の形で、「来る・行く」の尊敬表現になります。「ご出席・ご来場ください」よりも柔らかく伝えることができます。

お願いの仕方

初級

当社の提案について、考えてくれませんか。

弊社の提案について、
ご一考いただけますか。

▶ 取引先や上司など、目上の人に企画や価格などを検討してもらうときのフレーズ。改まった印象になります。

中級

この企画は、考え直してください。

この企画については、
再考の余地がありそうですね。

▶ 「考え直すべきである」と決めつけずに「余地がある」という表現をすることで、方向性を変え、考え直してもらいたいことを相手に柔らかく伝えることができます。

上級

こちらの事情も、わかってください。

恐れ入りますが、
ご賢察いただけると幸いです。

▶ 詳しくは伝えられないけれど、こちらの事情を推察してほしいときに使うフレーズ。相手の心の広さ・寛大さを見込んでお願いする表現です。「ご高察」も同様の表現です。

> 上級

新規案件、考えてくれませんか。

新規案件について
ご勘案いただけますか。

▶ 「勘案」とはあれこれと調べてよく考える、という意味。「ご検討ください」よりも改まった表現で、公的機関の資料などで使われることの多い表現です。

> 上級

いろいろな事情も合わせて、返事をください。

諸般の事情に鑑みた上で、
ご返事をいただきたく存じます。

▶ 「鑑みる」は、他のものと比べたり照らし合わせたりして考えるという意味。「…を鑑みる」は誤用で、「…に鑑みる」が正しい使い方です。

―― Level Up ――

「お返事」or「ご返事」？

「ご」や「お」を言葉の前につけると敬語表現になります。どちらも間違いではありませんが、かしこまった場面やメールにおいては「ご返事」とすると、より丁寧な印象を与えます。「お返事」は柔らかいニュアンスなので、カジュアルな打ち合わせや既に見知った人とのやり取りなどに使うと良いでしょう。

中級

システムの運用方法について教えてください。

システムの運用方法について、ご教示願えますか。

▶ 「ご教示」は、ややかしこまった文書で用いることの多い表現です。また、「よろしくご教示ください」などとして、目上の人へのあいさつ代わりにも使うことができます。

--- Level Up ---

「ご教授」or「ご教示」？

「ご教授」は「ご教示」と似ていますが厳密には意味が異なるため、ビジネスシーンではあまりふさわしくありません。「教授する」とは学問や技芸など、専門的な内容を教え授けるという意味です。大学教授に研究結果の考察を伺いに行くなどの場面を除いては、「ご教示ください」を使用しましょう。

中級

部長、〇〇の件はどうしたらいいでしょうか。

部長、〇〇の件についてお知恵を拝借できますか。

▶ アイデアや考えを聞く場合に用いる表現です。「拝借」は「借りる」の謙譲語。相手に対してへりくだった表現を使うことで、教えてもらいやすくなります。

初級

意見を聞きたいです。

差し支えなければ、
お考えをお聞かせ願えますか。

▶ 相手の意見や感想を聞きたいときは、「差し支えなければ…願えますか」という表現にすると、相手に配慮しているニュアンスになり、柔らかく伝えることができます。

上級

教えてほしいのですが…

後学のためにお伺いしたい
のですが…

▶ 目上の人に教えを乞う、かしこまった表現です。「後学」とはのちにためになる知識や学問のこと。「今すぐ必要ではないが、将来に役立つこととして聞いておきたい」という意味です。

—— Level Up ——

相談はフラットな表現で伝える

　仕事で上司の判断を仰ぐとき、つい「困ったことになりまして」と切り出していませんか。「困ったこと」というネガティブな言葉を聞くと、大きなトラブルが発生したのではないかと上司も警戒モードになってしまいます。「○○の件で相談があるのですが」といったフラットな表現を使いましょう。

初級

力を貸してくれませんか。

何卒お力添えいただけませんか。

▶ 相手の協力を仰ぎたいときに使う表現です。「力を添える」は手助けすることで、同じ助けることを意味する別の言葉には「肩を貸す」や「一肌ぬぐ」があります。

中級

手助けしてください。

お骨折りいただけますと幸いです。

▶ 「骨を折る」とは苦労して頑張る、物事の達成に向けて力を尽くすということ。助けてもらうことで、相手にとって少なからず労苦が生まれることを思いやった表現です。

中級

社内美化に協力してください。

社内美化にご協力いただき、
いつもありがとうございます。

▶ 「既にしてもらっている」という前提にし、それに対する感謝を述べる形式です。お願いの内容を柔らかく伝えることができ、相手も自然な気持ちで受け入れることができます。

中級

あとで読んでおいてください。

のちほどご一読いただきたく存じます。

▶ メール・資料・工程表・契約書などの文書を読むことは仕事の中でも重要な作業です。上司や取引先にそうした書類を読んでもらいたいときには、この言葉を添えましょう。

上級

うちの新商品です。是非見てください。

弊社の新商品です。是非ご高覧ください。

▶ 「ご覧ください」のより敬意が高まった表現で、「見る」こと全般に使います。ご来賓、お客様、目上の人などに対し、自分が見てほしいことを丁寧に伝えることができます。

―――― Level Up ――――

「見てください」を表す言葉

「見る」と一口に言っても、目的によって表現も異なります。「ご査収ください」はこちらから渡すものをしっかり見て（確認して）受け取ってほしいときに、「ご観覧ください」は楽しんで見てほしいときに、「ご笑覧ください」は相手にとって重要でないものを、気楽な気持ちで見てほしいときに使いましょう。

お願いの仕方

初級

前もって知っておいてください。

あらかじめご了承くださいますようお願いいたします。

▶ お客様に対して、事前の説明や注意事項を述べるときによく使われるフレーズ。「前もって納得した上で商品（サービス）を受け取ってほしい」という思いが込められています。

中級

日程が変わったので知らせておきます。

日程が変更になりましたことをお含みおきください。

▶ 知らせることがあるとき、「ご承知ください」では一方的な印象を与えてしまいます。「心にとめておいてほしい」というニュアンスの「お含みおきください」を用いると柔らかく伝わります。

中級

納期を3日延ばしてほしいです。

納期の件、3日のご猶予を いただけると幸いです。

▶ 「ご猶予をいただく」は、納品日など既定の期日を延ばしてもらいたいときだけでなく、相手からの提案や申し出に対して返答するのに時間がほしい場合にも使います。

中級

どうか取り持ってください。

よろしくお取りなしのほど、 お願いいたします。

▶ 相手に、第三者との関係を取り持ってほしい、第三者に紹介してほしいときに使うフレーズ。「取りなす」とは、二者の間に入って折り合いをつけるという意味。

――――――― Level Up ―――

「忖度」の意味の変化

「忖度」とは相手の気持ちを察する、推し量るという意味で、「上司の発言から忖度すると、新規営業の件数を増やしたほうが良さそうだと感じた」などの使い方をします。近頃は、相手の心情に配慮した行動をするという意味でも使われるようになりましたが、これは元々「斟酌」という言葉の意味に近いものです。

お願いの仕方

初級

連絡してください。

ご一報いただけますと幸いです。

▶ 「連絡」という言葉よりも丁寧な印象を相手に与えることができます。また、簡単な連絡でかまわないというニュアンスも伝わるため、相手の負担感を和らげる効果もあります。

初級

思いあたる人は、受付に来てください。

お心あたりのある方は、受付までお越しください。

▶ 会議やパーティーでの忘れ物の持ち主を探すときなど、その場にいる多数の人に対して同時に確認する際に使われる表現です。

中級

もう一度説明してください。

重要な内容なので、もう一度伺えますか。

▶ 説明を繰り返してほしいときに使います。相手には再度説明してもらうことになるため、「重要な内容なので」と付け加え、もう一度聞きたい理由を伝えることが大切です。

お願いの仕方

中級

ところで、〇〇の件はどうなりましたか。

その話で思い出したんですが、〇〇の件についてはいかがですか。

▶ 話を転換させるときに使ってみましょう。相手の話を聞いているうちに切り出すことで、相手の話を遮ることなく自然な流れで話を転換させることができます。

中級

わかっていると思いますが、お願いします。

申し上げるまでもないことですが、どうかよろしくお願いいたします。

▶ 今一度、念を押してお願いする場合に用います。また、「納期については」といった言葉のあとに続けて使うと、具体的な事柄について再確認することができます。

中級

早く入金してください。

行き違いかもしれませんが、ご入金がまだのようです。

▶ 支払いや依頼していたことなど、相手へ何かを催促するときに角を立てずに伝えることができます。「行き違いの場合はご容赦ください」といった表現にしても良いでしょう。

手紙で使える四季の言葉

啓蟄の候
二十四節気の一つで、3月5日頃。また、その日から3月20日頃までの期間。「啓蟄」とは、冬ごもりをしていた虫が外に出てくることで、その頃に使われる時候のあいさつです。

春雨降りやまぬ候
3月頃の時候のあいさつ。春、小雨が静かに降り続く頃に使います。

花信相次ぐ候
4月頃、桜の咲く頃に使われる時候のあいさつです。「花信」とは、花が咲いたという知らせのこと。

惜春の候
4月から5月の初め頃、春の終わりに使う時候のあいさつです。過ぎ行く春を惜しむ気持ちを表します。

chapter 2

オフィスで使う
基本フレーズ

scene 02 感謝する

上司、取引先、お客様など、相手や状況にふさわしい「ありがとう」の伝え方を身につけましょう。

✔ 感謝の内容を具体的に伝える

　感謝の気持ちを伝えるとき、ただ形式的にお礼の言葉を述べるだけでは、相手に十分な気持ちが伝わりません。
　例えば、仕入先に急ぎで依頼した資材を受け取る場合は「迅速にご対応くださり、誠にありがたく存じます。おかげさまでスムーズに進めることができます」というように、自分が何に感謝しているのか、どの部分が嬉しいのかなどを具体的に伝えましょう。

基本

配慮してくれてどうもありがとうございます。

お心遣いいただき、
深くお礼申し上げます。

▶ 相手の思いやりを強く感じたときは、単に相手に配慮する意味である「お気遣い」よりも、思いやりの心で接する意味を持つ「お心遣い」という表現を選びましょう。

初級

今回は助けてくれてありがとうございます。

この度はご尽力(じんりょく)いただき、
誠にありがとうございました。

▶ 「尽力」とは、物事の実現に向けて力を尽くすこと。相手の協力に対して感謝するフレーズです。「ご尽力を賜り(たまわ)」とすると、より丁寧です。

初級

いつもひいきにしてくれてありがとうございます。

日頃のご愛顧(あいこ)に感謝申し上げます。

▶ 得意先の企業や、よく来てくれるお客様などへの感謝のフレーズです。「ご愛顧」とは、特別に目をかける、ひいきにするという意味で、おもにメールや手紙などで用いられます。

基 本

売り上げ目標を達成しました。

おかげさまで、売り上げ目標を達成することができました。

▶ 「おかげさまで」は、協力してくれた相手に対して感謝するときに添える定番の表現。シーンを問わず幅広く使えます。似た表現では「皆様から支えられて」があります。

中 級

気遣ってくれてありがとうございます。

○○様のお心配りには、頭が下がる思いです。

▶ 「頭が下がる」とは敬服する、相手に感心して尊敬の気持ちを持つという意味です。相手がしてくれたことに心から感じ入り、ありがたいと思っている気持ちを伝えることができます。

—— **Level Up** ——

「頭が上がらない」

「頭が上がらない」とは、例えば「自分の不注意で起きたミスを、フォローしてくれた部長には頭が上がらない」などと使います。相手に借りや負い目があって気後れを感じ、対等に接することができないという意味です。「頭が下がる」と似ていますが、意味は全く異なるので気をつけましょう。

中級

今回の配慮には感謝しています。

この度のお取り計らいには
感謝の言葉もございません。

▶ 「感謝（お礼）の言葉もない」は、言葉にできないほどありがたく思っているということ。深い感謝の気持ちを表します。「お取り計らい」とは相手の気遣いや配慮を敬う表現です。

―――― **Level Up** ――

「ありがとう」に言い換える

　何かをしてもらったときは「すみません」を使いがちですが、代わりに「ありがとう」と言う習慣を身につけましょう。相手も嬉しく感じます。また、部下や後輩にかける「ご苦労様」の言葉も場合に応じて「ありがとう」に言い換えると、ねぎらいと感謝の気持ちが伝わります。

中級

日程を合わせてくれてありがとうございました。

日程をご調整いただきまして、
誠に恐れ入ります。

▶ 「恐れ入ります」は相手の気遣いや思いやりに対し、感謝しながらも恐れ多く感じている気持ちを表します。「かたじけなく思います」「痛み入ります」と言うこともできます。

初級

教えてくれてありがとうございます。

お話、大変勉強になります。
ありがとうございます。

▶ 目上の人から話を聞いたときは、このフレーズを添えてお礼を述べましょう。自分にとって有益な内容だと伝えることで、相手にもまた話をしようという気持ちが生まれます。

中級

そういう風に言ってくれて嬉しいです。

もったいないお言葉でございます。

▶ 目上の人にほめられたときに、嬉しい気持ちと、へりくだって相手を敬い感謝する気持ちを表す言葉。「過分なお言葉、恐れ入ります」などと表現することもできます。

上級

大きな役目をもらえて嬉しいです。

望外のお役目を頂戴し、
身に余る光栄です。

▶ 「身に余る光栄」とは、分不相応なほどの名誉であること。嬉しさや感謝を強く表す、へりくだった表現です。「望外」は思っていた以上に良いことの意味です。

初級

手伝ってくれて助かります。

手伝ってくれて、本当に恩に着ます。

▶ 深い感謝を表す表現。ただし、ややくだけた表現であるため、改まった場面や目上の人には不適切。同僚や後輩など親しい間柄に対して使いましょう。

基本フレーズ

中級

賞をもらい、デザイナーとして本当に嬉しいです。

賞をいただき、 デザイナー冥利に尽きます。

▶ 自分の仕事が高い評価を受けたときは、「○○冥利に尽きる」という表現を使ってみましょう。この仕事をしていて幸せに思う、誇りに思う気持ちを表すことができます。

上級

気遣ってくれてどうもありがとうございます。

多大なるご厚情に 深謝申し上げます。

▶ 書面で、深い感謝を述べるときに用います。やや格式ばった表現なので、お礼状などにふさわしいでしょう。似た表現の「拝謝申し上げます」は、相手への敬意を含んでいます。

37

上級

〇〇さんにはとても感謝しています。

↳ **〇〇様には、足を向けて寝られません。**

▶ 足を向けることは相手よりも上に立つことを意味し、失礼であることから、恩義を感じている人のことをおろそかにできないという気持ちを表すときに用いる表現です。

上級

大変嬉しく思います。

↳ **恐悦至極に存じます。**
きょうえつ しごく

▶ 「恐悦」はかしこまって喜ぶという意味。「至極」とは極致に達していることで、相手に対して強い感謝の気持ちを伝えるかしこまった表現です。

上級

親しくおつき合いしてくれて感謝します。

ご厚誼を賜り、
感謝の念に堪えません。

▶ 「…の念に堪えない」「…の念を禁じ得ない」という表現は、気持ちが湧き上がるのを抑えられないというニュアンスです。「哀惜の念を禁じ得ない」など、感謝の言葉以外にも使います。

基本フレーズ

―― Level Up ――

「ご厚誼」or「ご交誼」？

「厚誼」「交誼」はどちらも、親しいつき合い、よしみという意味です。「厚誼」は目上の人に対しおつき合いさせていただくというニュアンスがあり「ご厚誼を賜る」といった表現をするのに対し、「交誼」は「ご交誼を結ぶ」といった使い方で対等な関係を表すので、目上の人には使わないようにしましょう。

上級

どうもごちそうさまでした。

思わぬ散財をおかけしました。

▶ 例えば取引先にごちそうになるなど、目上の人にお金を遣わせてしまったときに使うフレーズ。相手への気遣いと感謝の気持ちを含む、改まった表現です。

39

scene 03 強調する・程度を示す

話の内容を強調したり、物事の程度を表したりする言葉のバリエーションを増やしましょう。

✓ 何を強調するかで表現は異なる

強調したい内容によってふさわしい表現は異なります。それぞれの言葉の使い方をしっかり把握しましょう。

✓ むやみに使いすぎない

クッション言葉と同様、使いすぎに注意。重要な部分だけに添えることで相手にも気持ちが伝わりますし、会話にもメリハリがつきます。

基 本

助けてくれてありがとうございます。

ひとかたならぬお力添えを賜り、深くお礼申し上げます。

▶ 「ひとかたならぬ」は「並みでない」という意味で、相手の気遣いや協力が並々ならぬほどであったと強調する際に使われます。メールや手紙など、文章でよく目にする表現です。

基本フレーズ

基 本

本当にありがとうございます。

心より感謝申し上げます。

▶ 「心より」は、相手に自分の気持ちを伝えたいときの定番表現。感謝だけでなく、謝る、お祝いやお悔やみを述べるなど、内容の善し悪しを問わず幅広く使うことができます。

―― **Level Up** ――

改まった書面では「衷心より」

　改まった書面においては「衷心より」を用いましょう。「衷」は「中くらい」の意味のほかに「まごころ」という意味があり、「心の底から、まごころを込めて」という気持ちを丁寧に伝える表現です。お悔やみの言葉で使われることが多い表現ですが、お詫びの文章や祝電などにも使うことができます。

41

初級

○○さんのおかげですよ。

これもひとえに、
○○様のおかげでございます。

▶ 「ひとかたならぬ」(P41)と同様に、感謝の言葉に添えて使われるフレーズ。漢字では「偏に」と書き、「もっぱら」という意味。相手のおかげであるという心情を強める表現です。

中級

忘れ物をしないでください。

お忘れ物にはくれぐれも
ご注意くださいませ。

▶ お客様に、忘れ物がないよう呼びかける言葉。「くれぐれも」で、心を込めてお願いする気持ちを強調します。「くれぐれもお体にはお気をつけください」など、相手を気遣うフレーズにも。

— Level Up —

同じ内容を繰り返すときは

　書面でお礼やお詫びを繰り返すときは「感謝いたします」「お礼申し上げます」など表現が同じにならないように変える必要がありますが、後半のフレーズに「重ねて」や「改めて」をつけると文章にリズムが生まれます。例えば「申し訳ございません」のあとは「重ねてお詫び申し上げます」などとします。

中級

どうか許してください。

平にお許し願います。

▶ 「平に」は、「何卒」「どうか」という意味で、「お許し願います」「ご容赦願います」などの言葉と合わさり、へりくだって相手に強く許しを求める表現です。

中級

どうか出資してください。

出資の件、切にお願い申し上げます。

▶ 「切に」とつけることで、こちらの切迫している気持ちを伝えます。「願います」「お詫びします」「思います」といった表現と合わせてよく使われます。

上級

あなたのしたことは本当にすごいですね。

貴殿の行いに対し、
深厚なる敬意を表します。

▶ 「深厚」とは気持ちが非常に深く、厚いこと。相手に対する敬いや感謝の心情が大変深いものであることを示す、改まった表現です。

基本フレーズ

初級

これからすごく成長するといいですね。

御社の今後の目覚ましいご成長をお祈りいたします。

▶ 相手の今後の活躍を祈る、**別れ際やメールでの結び**として使われる言葉です。「目覚ましい」は、目が覚めるほどすばらしい様子を表します。

中級

この３ヶ月で、新規契約がすごく伸びてますね。

この３ヶ月で、新規契約数の伸びが著しいですね。

▶ 「著しい」は**はっきりと目立つほど程度が大きい**ことを表す言葉です。似た表現の「甚だしい」は、「業績悪化が甚だしい」など、望ましくない場合に使われます。

—— Level Up

「たくさん」を表す言葉

たくさんある状態を表す言葉は、他にも「ふんだんに」「潤沢に」「膨大な」「数多の」「枚挙にいとまがない」「十指に余る」などがあります。中には「掃いて捨てるほど」という表現もありますが、こちらは多すぎて余るほどというニュアンスがあるので、使うときは注意しましょう。

基本

ちょっと待っていてください。

少々お待ちいただけますか。

▶ 応対時の基本フレーズ。便利な表現ですが、「少々」をどのくらいと思うかは人によって違います。場合によっては「10分ほど」と具体的な数字を示しましょう。

基本フレーズ

中級

予算はこんなにいらないでしょう。

この規模ですと予算がいささか多すぎませんか。

▶ 「些か(聊か)」と書き「少しばかり」という意味ですが、「かなり」の気持ちを謙遜して使う場合もあります。同じように少しを表す言葉には「幾分」などがあります。

上級

少しですけど、どうぞ。

申し訳程度で恐縮ですが、お受け取りください。

▶ 相手に何かを渡したりあげたりするときに使うフレーズ。何とか言い訳できるくらいというニュアンスで、少ししかないことをへりくだった表現です。

scene 04 共感する

　会話の中で「相手に共感する」ことは、人間関係を築く上でとても大事です。

✓ 話を聞く態勢をつくる

　まずは心と耳を傾けて、きちんと相手の話を聞くことが第一です。視線や姿勢などにも気をつけましょう。

✓ 相手の心情を汲み取る

　例えば、相手が忙しくて疲れているようなら「お忙しそうですが、体調にはお気をつけてくださいね」などと、相手の様子から心情を汲み取り、声をかけましょう。

基本

部長の言う通りです。

部長のおっしゃる通りです。

▶ 話の内容に同意するときの基本フレーズ。使いすぎはかえって話を聞いていないように思われるので、ポイントを絞って使うことが大切です。

中級

〇〇さんの意見はその通りです。

〇〇様のご意見、ごもっともでございます。

▶ 相手の考えに対し、同意する表現です。この場合の「もっとも」は「最も」ではなく「尤も」と書き、道理に合っているという意味。「ご」をつけて、相手への敬意を強めます。

上級

御社の発展は、私にとってもすごく嬉しいです。

御社の大躍進、誠にご同慶の至りです。

▶ 相手の喜びに対し、自分もともに喜んでいることを伝える上級フレーズ。「ご同慶に堪えません」「ご同慶に存じます」などとも言います。スピーチなどで活躍する表現です。

中級

今回のことは、つらいでしょう。

この度のこと、
胸中お察しいたします。

▶ 相手のつらい心情や悲しい気持ちを思いやって、共感を示す
ときに使う表現です。似た言葉に「苦衷を察します」があり
ます。苦しい心の様子を察します、という意味です。

―――― Level Up ――――

「お気の毒」に要注意！

「気の毒に思う」とは、相手の不幸な状況に同情する
ことです。葬儀などでは「ご愁傷様です」と同様に、「誠
にお気の毒様です」といったあいさつとして使われま
すが、日常においては上から目線のニュアンスを含み
やすく、また皮肉に聞こえてしまいやすいので、安易
に使わないよう気をつけましょう。

中級

困ったときは、助け合いましょうよ。

困ったときは、相身互いですよ。

▶ 「相身互い身」が省略された言葉。同じ境遇にいる者同士が、
互いに思いやって助け合うことを意味します。助けを申し出る
ときにこの表現を使うと、相手に負担を感じさせずに済みます。

中級

大変つらいかと思います。

ご心労のほど、お察し申し上げます。

▶ 心の疲れや心配など、相手の精神的な苦労を思いやる表現です。似た表現である「ご心痛」は、お悔やみの表現として使われることが多く、普段はあまり使いません。

中級

具合はどうかと、心配しています。

お加減はいかがかと、ご案じ申し上げております。

▶ お見舞いなど、相手を心配していることを伝えたいときに使うフレーズ。お見舞いの文章を書くときは、丁寧に、またあまり長くならないようにしましょう。

基本フレーズ

> 言い換えで会話の達人

≫ 聞き上手になるあいづち

「聞いているよ」と
あいづちで示そう。

■ 肯定的なあいづちを打つ

「まさか」「でも」「嘘でしょ」といった否定的なあいづちは、人を不快にさせます。「なるほど」「確かに」などの肯定的なあいづちで相手に共感を示しましょう。もし内容に賛同しにくいと感じたら、「そうなんですね」という表現でかわすのも一つの方法です。

■ 要点は繰り返す

相手の話の要点となる部分を繰り返すと、相手もこちらが話をきちんと聞いていると感じます。ただし、繰り返しすぎてはかえって逆効果なので、重要な部分だけにしましょう。また、「それは大変でしたね」「楽しそうですね」など、短い感想を間にはさむことも大切です。

scene 05 受け答えをする

簡単なようで実は難しい受け答え。仕方によってはその後の仕事の展開を左右することもあります。

✔ 受け答えのタイミング

話や質問を遮って返事をすると、相手は不快に感じます。相手の話を全部聞いてから返事をしましょう。

✔ 受け答え一つで印象アップ！

例えば確認を求められたとき、「こちらで結構です」よりも「こちらでお願いいたします」と言うと、同じ内容でも印象が良くなります。

基本

了解です。すぐ行きます。

承知しました。すぐに参ります。

▶ 言われたことに対して答える万能フレーズ。似た表現の「かしこまりました」は、「承知しました」よりも柔らかで丁寧な印象を与えるので、接客業でもよく使われます。

初級

契約書の内容はこれでOKです。

契約書の内容に関して、異存はございません。

▶ 「異存」とは、他と異なる考えや、不服な気持ちのこと。「異存がない」という表現で、提示された内容について同意することを示します。似た表現に「異論」があります。

中級

本社配属の話、是非受けたいです。

本社配属の件、謹んでお受けいたします。

▶ 「謹んで」は、相手への敬意を表し、うやうやしくかしこまって、という意味。異動や昇進など、比較的重要な変更や申し出を受け入れるときに使います。

基本フレーズ

53

基本

送ってもらった修正内容で大丈夫です。

お送りいただいた修正内容で問題ございません。

▶ 「OKです」「いいです」の意味で使われる定番フレーズ。似た表現の「かまいません」は、こちらが許可を与えているようなニュアンスを含むため、目上の人には使わないよう注意しましょう。

基本

こっちから行ってもいいですよ。

こちらからお伺いしても、差し支えございません。

▶ 「問題ございません」を、もう一歩柔らかくした表現。自分にとって不都合はないことを伝えます。「差し支えなければ」などとクッション言葉としてもよく使われます。

―――― Level Up ――――

「大丈夫です」は要注意！

　質問に対して「大丈夫です」という返事をつい使ってしまいがちですが、敬語ではないので取引先や上司など、目上の人には「問題ございません」を用いましょう。また、「大丈夫」は肯定・否定のどちらにも取れる曖昧な表現なので、ビジネスシーン全般においてなるべく避けたほうが無難です。

基本

皆さんが来てくれるのを待っています。

皆様のご来場を
心よりお待ち申し上げます。

▶ 「心より」をつけて、相手にこちらの気持ちを伝えましょう。「心待ちにしています」と表現することもできます。お客様や、取引先へのあいさつにぴったりの表現です。

上級

新技術の完成をずっと待っていました。

新技術の完成を一日千秋の思いで
待っておりました。

▶ 「一日千秋」は待ち遠しい気持ちを表す表現です。「秋」はこの場合「年」を意味し、一日がまるで千年のように長く感じられるほど、待ちわびる気持ちが強いことを示します。

—— Level Up ——

「待つ」を表す言葉

「待つ」ことを表す言葉はバリエーションが多く、「首を長くして待つ」「待ち焦がれる」などのほかに「指折り数えて待つ」があります。あと何日かと、指を折って楽しみに待っている姿が目に浮かぶ表現です。また、「手ぐすね引いて待つ」という表現は、十分に準備を整えて待ちかまえるという意味です。

手紙で使える四季の言葉

夏

麦秋(ばくしゅう)の候

「麦秋」とは麦が黄金色に実る初夏の季節のこと。稲が実る秋の風景になぞらえた表現です。麦の収穫が行われる5月下旬～6月初旬頃に使われる時候のあいさつです。

芒種(ぼうしゅ)の候

二十四節気の一つで、6月6日頃。また、その日から6月20日頃までの期間。稲や麦の種まきに良いとされた時候です。

炎暑(えんしょ)の候

夏の厳しい暑さを表現した言葉で、7月頃から立秋(8月8日頃)までの時候のあいさつとして使われます。

残夏(ざんげ)の候

8月頃の時候のあいさつ。立秋を過ぎると暦の上では秋ですが、まだ夏の暑さが残っているためこのように表現します。

chapter 3

トラブルを
円く収める表現

scene 06 謝る

　謝る表現を適切に使うことでトラブルを収め、相手とのさらなる関係向上を目指しましょう。

✔ 謝罪はすぐに＆丁寧に

　謝罪は、ビジネスを円滑に進める上で重要なファクターです。その後の相手との取引や信頼関係、ひいては会社全体のイメージなどに大きく関わります。第一に、誤りとわかったらすぐに謝罪することが大切です。

　また、言葉や態度によっては、さらに事態が悪化しかねません。相手を敬い、丁寧な言葉遣いを心がけましょう。頭を深々と下げるなど、態度で示すことも大切です。

基本

私のミスでした。本当にすみません。

私の不手際（ふてぎわ）でした。
誠に申し訳ございません。

▶ 仕事での過失は、「不手際」という言葉で表現します。似た表現では、手順や手配を間違えるという意味の「手違い」や、文書で用いる「過誤」などがあります。

中級

大きな失敗をしてしまい、本当にすみません。

とんだ失態を演じてしまい、
深くお詫び申し上げます。

▶ 「失態を演じる」とは、体面や面目を失うような失敗をすること。単なるミスではなく、結果として相手から笑われたり、評価が下がったりするような失敗のことです。

中級

嫌な気分にさせてしまい、本当にすみません。

ご気分を害してしまい、
誠に申し訳ございません。

▶ 相手に不快な思いをさせてしまったことを謝るときのフレーズ。サービスや商品そのものについて謝罪しているわけではないので、クレーム対応の際にも使える表現です。

トラブル対応

中級

出過ぎたことをして、すみませんでした。

身の程をわきまえず、申し訳ございませんでした。

▶ 「身の程」とは自分の立場や能力の程度という意味。例えば上司に対して見当違いの意見を主張するなど、差し出がましいことをして相手に迷惑をかけてしまったときに使います。

上級

もっぱら私が未熟であるためです。

ひとえに私の不徳の致すところでございます。

▶ トラブルで謝罪するときのフレーズ。自分に優れた品性や人徳がないために起こった問題であると認める表現です。また、「至らないばかりに」という表現もあります。

―― Level Up ――

謝罪を受けたときの対応

　自分が謝るときだけでなく、相手が謝ってきた場合にいかに対応するかも、その後の関係に大きく影響します。すべて相手のせいだと責めずに、「こちらこそ早く確認すべきでした」などと、自分の反省点を伝えることで相手の気持ちが軽くなり、その後も円滑に仕事を進めていくことができます。

初級

とても恥ずかしいです。

お恥ずかしい限りです。

▶ 失敗について謝罪する際に「恥ずかしい」という表現をプラスして述べることがあります。「お恥ずかしい限り」は、初歩的な失敗やケアレスミスをしたときに使える表現です。

中級

こちらの指導が足りず、本当にすみません。

不行き届きで、
誠に申し訳ございません。

▶ こちらの管理や指導の体制が不十分であることを詫びる表現です。例えば、飲食店で「何度頼んでもビールが出てこない」というクレームに対して、店長が謝罪する場合などに使われます。

中級

成果を上げられず、恥ずかしいです。

ご期待通りの成果を上げられず、
面目ありません。

▶ 「面目」とは、世間や周囲からの評価、体面のこと。「面目ない」で、「周囲の思いに応えられず恥ずかしい」という気持ちを表現します。似た表現に「合わせる顔がない」があります。

トラブル対応

上級

情けなく、恥ずかしい気持ちでいっぱいです。

誠に忸怩たる思いでございます。

▶ 自分がしてしまった失敗を情けなく思い、深く恥じているときに用いる表現です。「忸」と「怩」はどちらも「恥じる」意味の漢字です。重要な謝罪の言葉とともに使われます。

上級

恥ずかしさを抑えることができません。

慙（慚）愧に堪えません。

▶ 「忸怩」と同じく「恥じる」意味の漢字が連なった言葉です。自身の反省と周囲への申し訳なさで恥ずかしい気持ちを表します。重大な過失や不祥事の謝罪に使われる表現です。

―― **Level Up** ――

「顔」の字の入る言い回し

　恥ずかしさを表す慣用句には「顔」という字を用いたものがいくつかあります。例えば、「汗顔の至り」は顔に汗をかくほど恥ずかしく感じることの意味。「顔から火が出る」なども似た表現です。恥じる表現に限らず「顔に泥を塗る」「顔を立てる」など、体面や体裁に関わる表現が多いことが特徴です。

中級

こちらの確認不足が原因で、言い訳できません。

当方の確認不足が原因であり、弁解の余地もありません。

▶ 「言い訳が一切できない」という意味で、すべてにおいて自分が悪いと潔く認めるときの表現。「申し開きができない」も同様の言い回しです。

中級

トラブル対応

申し訳なさすぎて言葉がありません。

お詫びのしようもございません。

▶ 「弁解の余地もありません」に近い表現ですが、申し訳ないという気持ちがあまりに強く、言い訳どころかお詫びの言葉さえ見つからないときに使うフレーズです。

—— Level Up ——

身の「縮む」or「引き締まる」？

「身の縮む思い」とは恐ろしさや緊張、また申し訳ない気持ちなどから身が縮こまる心地であることを意味します。一方、「身の引き締まる思い」は、今までの自分を振り返ったり環境が変化したりすることによって、気持ちを新たにすることです。似ていても意味は異なるので、使い間違えないよう気をつけましょう。

初級

どうか許してください。

何卒ご容赦くださいますよう
お願い申し上げます。

▶ あらかじめ断りを入れる際に用いることが多い表現。過失を
見逃してほしいという意味にも取れるので、問題を咎められ
て謝罪するときは使い方に注意しましょう。

上級

私のせいで迷惑をかけてしまい、すみません。

不調法なもので、申し訳ありません。

▶ 「不調法」とは手際が悪い、つたないという意味です。失礼を
詫びるときにこの言葉を添えると、相手の気持ちを和らげる
ことができます。

上級

寛大な気持ちで許してください。

ご寛恕賜りますよう
お願いいたします。

▶ 日常ではあまり使わず、謝罪文など改まった書面で使うフレー
ズです。広い心と思いやりでもってお許しください、という
お願いの気持ちが伝わります。

中級

言い方が悪くてすみません。

言葉足らずで、申し訳ありません。

▶ 言葉の選び方が不適切で誤解が生じた、説明が不十分で理解してもらえなかったなど、相手に内容をきちんと**伝えられなかったことを謝る**表現です。

中級

間違った考えで、大変迷惑をかけてしまいました。

私の考えが足りず、
多大なご迷惑をおかけしました。

▶ 考え方自体が間違っていたり、深く考えずに行動したりして失敗したときは、謝る際に「考えが足りず」と表現しましょう。「考えが及びませんで」と表現することもできます。

―― Level Up ――

「考えが足りないこと」を表す言葉

　不注意が原因の失敗を反省するときの言い回しには、「思慮に欠けるところがあり…」もあります。「軽はずみ」「うかつ」「浅慮」なども、同様に考えや配慮が足りないことを表します。「短慮」も同じような意味ですが、この言葉は他に、せっかちである、気が短いといった意味も含みます。

トラブル対応

> 上級

悩んだ末の決定ですが、やむを得ません。

苦渋（く じゅう）の決断ですが、やむを得ません。

▶ 「苦渋」は苦しむ、思い悩むという意味。相手にとって損失となる決定をする際、どうしてもそうせざるを得ないという釈明の言葉として用いることがあります。

> 上級

とてもつらいのですが、削減しました。

断腸の思いで、
削減した次第でございます。

▶ 「断腸の思い」は腸（はらわた）がちぎれるほどつらく悲しいこと。他にも「身を切られる思い」「胸が張り裂ける思い」など、強い悲しみや苦しみを体の痛みに例えた表現があります。

―― Level Up ――

「断腸の思い」の由来

　この言葉は中国の故事が由来です。1匹の子猿が捕まり、船に乗せられます。悲しんだ母猿は岸沿いにずっと追いかけ、ついには船にとび乗りましたが、すぐに死んでしまいました。その母猿の腹を割いてみると、無残にも腸がズタズタにちぎれていた…という話です。つらく悲しい心情がありありと感じられます。

中級

> 残念ですが、この件は一旦保留にします。

不本意ながら、本件については一旦保留とさせていただきます。

▶ 外部と協力して進めていた案件が上層部の指示で中断されるなど、自分の望む方向に進まないこともあります。そうした場合に、外部の担当者に対して弁明するときの言い回しです。

―― Level Up ――

「遺憾(いかん)に思います」

　この言葉は、こちらの思ったようにならず、心残りであるという意味。謝罪会見などでよく耳にしますが、実は「遺憾」という言葉にお詫びの意味はありませんので、謝罪するときはこのフレーズだけで終わらせないようにしましょう。また、相手を遠回しに批判する意味合いで使われることもあります。

トラブル対応

中級

気を引き締めて、もっと頑張ります。

↳ これからは襟を正して、
日々努力します。

▶ 「襟を正す」とは、服装や姿勢の乱れを整え、改めて気持ちを引き締めること。中国の故事に由来する言葉です。気持ちと服装は、互いに影響を及ぼし合います。

中級

取引先から文句を言われて、反省しています。

↳ 取引先の方からのお言葉を頂戴し、
猛省いたしております。

▶ 「猛省」とは強く反省するという意味です。重大なミスを犯してしまったときや、接客業においてお客様からクレームが来たときなどに使われる表現です。

上級

Ａ社の失敗を参考に、さらに気をつけます。

↳ Ａ社の件を他山の石とし、
一層気を引き締めてまいります。

▶ 「他山の石」とは、他者の良くない部分を見て、自分の成長の助けとすること。自身のミスを今後に活かすことは「失敗を糧にする」と表現します。

初 級

その分野についてはよくわかりません。

そちらの分野に関しては不勉強な もので、申し訳ございません。

▶ 自分が知らない、わからないことを問われたときに使えるフレーズ。「明るくないもので」「不案内なもので」といった表現も使えます。

Level Up

「わかりません」で終わらせない

　上司や先輩に対しては、知ったかぶりせず「わかりません」と意思表示することも大切です。ただ、その一言で終わらせないこと。「ご教示願えますか（P22）」と伝え、どんどん教えてもらいましょう。知識や経験が増えるとともに、仕事に対する積極的な姿勢も評価されるはずです。

上 級

そのことは知らなかったです。

その件については寡聞（かぶん）にして 存じ上げませんでした。

▶ 「寡聞」とは見聞が狭いという意味で、自分に知識がないことをへりくだるときの言い回し。「浅学非才（せんがくひさい）の身で」も、同じく見識が浅いことを謙遜して言う表現です。

基 本

資料を送るのを忘れていました。

資料送付の件、
失念しておりました。

▶ 忘れていたことを相手に伝える、ビジネスの基本フレーズです。もし相手からこの言葉を言われたら、「お気になさらないでください」と返しましょう。

初 級

悪く思わないでください。

どうかお気を悪くなさらないで
ください。

▶ 自分の言動で気分を害さなかったかと、相手のことを気にかける表現です。相手のプライドを傷つける可能性のあるときなどに使います。

中 級

悪く思わずにわかってください。

悪^あしからずご了承ください。

▶ 相手の希望に沿えないときや、お断りするときに使われることが多いフレーズです。丁寧ではありますが、やや形式的なニュアンスが感じられます。

基本

急に来てもらって、すみませんでした。

急にお呼び立てして、大変失礼いたしました。

▶ 相手に対する礼儀を欠いたことに対するお詫びの言葉。自分の失敗を謝罪するときには使うことができませんので、注意しましょう。

初級

不便な思いをさせてしまい、本当にすみません。

ご不便をおかけしましたこと、深くお詫び申し上げます。

▶ 文書・口頭どちらでも使うことができるフレーズ。また、「深く」という言葉はお詫びだけでなく、喜びやお礼の強い気持ちを伝えるときも使えます。

上級

こんなことになってしまい、申し訳ありません。

このような事態を招いたことを、陳謝申し上げます。

▶ 「陳謝」は事情を述べて謝るという意味があるため、この言葉を使う際は必ず何についての謝罪かを明言する必要があります。公的な謝罪の場などで使われることが多い表現です。

トラブル対応

> 言い換えで会話の達人

≫ 印象がアップする伝え方

言葉の背景を

伝える＆汲み取る。

■ 言葉の意図を明確に

　何の気なしに曖昧な表現を使っていると、本来のこちらの意図通り受け取られず、誤解される恐れがあります。親しい相手だから、いつも一緒に仕事をしているから通じるだろうと思わずに、本来の意図や気持ちをきちんと言葉にして伝えることが大切です。

■ 質問にはプラスαの答えを

　何かを聞かれたときは、相手が何を求めてその質問をしているかを汲んで答えましょう。例えば忙しそうな先輩に「手が空いているか」と聞かれたとき、「はい」とだけ答えるよりも「はい。何かお手伝いいたしましょうか」と答えると、印象がさらにアップします。

scene 07 断る

断ることで相手との関係が悪くならないように、次につながる断り方をマスターしましょう。

✔ 心遣いを忘れない

断るときは相手を不快にさせない心遣いを。まずは謝り、理由や代わりにできることを示しましょう。

✔ 理由を述べるときは

理由を長々と述べると、かえって言い訳じみて聞こえます。簡潔にまとめましょう。理由によっては、そのまま伝えると相手が不快に感じることもあるので要注意。

基本

今回は参加できません。

誠に残念ながら、今回は不参加とさせていただきたく存じます。

▶ 断るときは「本当は断りたくない」という気持ちを伝えることが大切です。「不本意ですが」「忍びないのですが」「せっかくですが」などと一言添えると、角が立ちません。

中級

結構です。

嬉しいのですが、お気持ちだけいただきます。

▶ 相手からの申し出に対して、柔らかくお断りするためのフレーズ。お菓子やお土産などの贈答品をやむを得ずお断りするときにも使えます。

トラブル対応

―― Level Up ――

次につながる一言を

　仕事の依頼を断るときは、「また次の機会にお願いします」といった、次回の依頼につながるような言葉を最後につけましょう。「今月は難しいのですが、来月以降でしたら」「□□はできませんが、〇〇ならできます」のように具体的であるほど、相手もまた依頼しようという気になります。

初級

お客様の希望には沿えません。

恐れ入りますが、お客様のご希望には沿いかねます。

▶ 「…しかねます」「…できかねます」は、できないことを遠回しに伝える表現です。とはいえ拒否のニュアンスを含むので、この言葉で終わらせず、理由や代案を添えましょう。

初級

今回はやめておきます。

申し訳ございませんが、今回は遠慮させてください。

▶ 「遠慮する」とは相手に対する言動を控えるという意味ですが、断るときにもよく使われます。似た表現には、他に「見送る」「見合わせる」などがあります。

中級

引き受けたいのですが、日程的に無理です。

お引き受けしたいのは山々ですが、日程の都合がつきません。

▶ 「…したいのは山々ですが」という表現は、是非そうしたいと思うけれど、実際にはできないときに用います。こちらの残念な気持ちを伝えることができます。

基本

できなくてすみません。

お役に立てず、申し訳ございません。

▶ 頼まれた仕事を断るときにこのフレーズを添えると、こちらの申し訳なく思う気持ちが伝わります。似た表現に「お力になれず」「ご期待に沿えず」などがあります。

Level Up

「役不足」or「力不足」?

断るときに「役不足ですみません」と言っている場合がありますが、これは誤った使い方です。「役不足」とは、自分の能力に比べて与えられた役割が軽すぎるという意味。むしろ失礼な表現になってしまいます。自分の力が足りないので、という意味の「力不足で」という表現を用いるようにしましょう。

上級

こんな大役、私には無理です。

このような大役、
私には荷が勝ちます。

▶ 打診された仕事や地位に対し、その責任や負担が自分にとって重すぎるために、断るときのフレーズ。「荷が重い」も同じ意味です。

トラブル対応

初級

本日中には対応できません。

本日中の対応については
難しい状況です。

▶ 「できない」と明確に表現することを避けて「難しい」や「厳しい」と遠回しに表現することは、ビジネスシーンでは多く見られます。

初級

その日はもう予定が入っているので…

あいにく、その日は既に予定が
入っておりまして…

▶ 「あいにく」は、古語の「あやにく（ああ、憎らしい）」という言葉が語源。断る理由の前につけて使われ、自分の思い通りにならず、残念がる気持ちを表現します。

中級

〇〇は明日から出張です。

〇〇は折悪しく、明日より出張の
予定でございます。

▶ 「折」は時機や機会という意味。「あいにく」と同様、都合がつかず断るときの表現です。タイミングが悪いというニュアンスを伝えたいときに使います。

中級

用事があるので、今日は帰ります。

よんどころない用事により、今日はこれにて失礼いたします。

▶ 「よんどころ」とはやむを得ない、仕方がないという意味で、理由を明確に伝えずに断りを入れたいときに用いるフレーズ。似た表現に「のっぴきならない」「抜き差しならない」など。

中級

やりたいですけど、こっちも忙しいので…

お受けしたいのですが、こちらも手がふさがっておりまして…

▶ 作業や予定が入っていて忙しく、頼まれたことを引き受けられないときに使います。似た表現に「取り込む」「立て込む」などがあります。

トラブル対応

— Level Up —

「忙しい」を表す言葉

忙しさを表す言葉は、他に「息つく暇もない」「時間に追われる」などがあります。中には、「てんてこ舞い」「きりきり舞い」「猫の手も借りたい」といったユニークな表現も。「ごたつく」も慌ただしい様子を表しますが、この場合は「揉め事が起きている」という意味合いが含まれます。

基本

すみませんが、お断りします。

誠に恐れ入りますが、今回は辞退させていただきます。

▶ 「断る」というと立場が上であるようなニュアンスですが、「辞退させていただく」という表現を使うことで、**柔らかく伝える**ことができます。クッション言葉とセットで使いましょう。

上級

この状況では、もうどうにもできません。

この状況では、私どもとしても如何(いかん)ともしがたく…

▶ 外部の要因などにより断るときのフレーズ。「**何とかしたいけれど自分の力ではどうにもならない**」という心情を表すことができます。

中級

この件については、説明は結構です。

この件に関しては、ご説明には及びません。

▶ 相手が何かしようとするのを前もってお断りするときに使うフレーズです。メールの返信や連絡などを「しなくても問題ありません」と、相手を気遣った表現です。

中級

こっちの事情もわかってくださいよ。

こちらの事情をお汲み取りいただけますと幸いです。

▶ 相手の申し出や提案を断るとき、断る理由を明確に言いづらいときに使われることの多い表現。「こちらのどうにもできない苦しい事情を察してほしい」という意味合いがあります。

トラブル対応

── Level Up ──

感情を伝える

　断るときは、丁寧に言葉を尽くすことはもちろん、残念であるという感情を伝えることが大切です。直接会っているときは表情が、電話では声色が、相手には強く伝わります。メールなどの文章においては、儀礼的な言葉で終わらせずに、相手を気遣う一言を添えると、その後の関係に響きません。

scene 08 主張する

　仕事においては、時には相手の考えに反した主張をすることも必要です。その場合は、相手の心に届くような言い方を心がけましょう。

✓ 否定的な表現を使わない

　「いや」「でも」「しかし」など、相手の考えを否定する言葉を使わないように気をつけましょう。

✓ 主張する前に「聞く」

　相手の話に耳を傾けましょう。途中で言葉を遮ると、いくら自分の考えを主張したとしても、相手に聞き入れようとする気持ちが生まれません。

初級

いや、A案がいいですよ。

出過ぎたことを言うようですが、A案はいかがでしょうか。

▶ 考えを述べる際に、自分が出しゃばっていることを自覚しているというニュアンスを相手に伝える表現。「差し出がましいかもしれませんが」という表現もあります。

中級

いや、うちの会社としては…

お考えはごもっともですが、弊社といたしましては…

▶ 「ごもっともです」と相手の言い分を一旦尊重する表現を使うことで、角を立てずに異なる意見を述べることができるフレーズです。

上級

言わせてください。

僭越ながら申し上げます。

▶ 目上の人に対して意見を言うときは、「僭越ながら」とへりくだった表現を使いましょう。「おこがましいですが」も同様です。

トラブル対応

中級

私は違うと思います。

この件に関しては、
見解が割れますね。

▶ 相手とは意見が異なることを遠回しに伝えつつ、もう少し話し合いを進める必要があることを示唆するフレーズ。会議などで使える表現です。

中級

そのやり方は違いますよ。

それは筋違いではございませんか。

▶ 相手の仕事の進め方や手続きが間違っているときに柔らかく伝える表現です。また、見当外れの考えについて指摘するときは「お門違い」という言葉を用います。

上級

部長の言うことは受け入れられません。

部長のおっしゃることには
承服いたしかねます。

▶ 相手の言うことに賛同できない、従えないということを伝えるのが「承服しかねる」です。強めの表現なので、しっかりと意思表示をしたいときに使うと良いでしょう。

中級

一つ納得できない部分があるんです。

一点、腑（ふ）に落ちない部分がございまして…

▶ 相手の言う内容に不服や疑問があるときに使うフレーズ。「腑に落ちない」とは、はらわた（内臓）に落ちない、つまり「心から納得できない」という意味です。

―― Level Up ――

「潔（いさぎよ）しとしない」

「ここで引き下がることを潔しとしない」などと使い、ある物事について自らの信念に照らし合わせた上で、許せない、納得できないと主張するときに使う表現です。「潔い」には、思い切りが良いといった意味のほかに、道理や信念に反するところがないという意味があります。

トラブル対応

中級

言っていたことと違うじゃないですか。

お約束と違うようですが、念のためご確認いただけますか。

▶ 取引先とのやり取りで、相手の間違いを指摘するときのフレーズ。「念のためご確認を」といった表現と合わせて、柔らかく伝えましょう。

――― Level Up ―――

「齟齬」

「齟齬」は、食い違いの意味で、意見や物事がずれてうまく一致していないことを指摘する際に使われます。しかし「あなたと私の話には齟齬があるようです」など、使い方によっては非難のニュアンスを含み、相手を責めているように受け取られる恐れがあるので気をつけましょう。

中級

〇〇の件はどうなっているんですか。

織り込み済みかとは存じますが、〇〇の件については…

▶ 相手に確認するときに使う表現です。「織り込み済み」とは、ある事柄を事前に予定や計画に入れておくこと。「既に対応してくれていると思いますが」という意味合いです。

基本

今すぐにやってください。

早急にご対応いただけますと
幸いです。

▶ お願いしていたことが期日までにできていなかったときなど、急いでほしいときに使うフレーズ。状況に応じて「適切な処置をいただけますと」などとしても良いでしょう。

初級

気をつけてください。

どうかご配慮のほど
お願いいたします。

▶ 相手に気遣いや注意喚起を求めるときに使う表現。目上の人などにより丁寧に伝えたい場合は「ご配慮賜りますよう」「ご配慮いただけますと幸いです」などとしましょう。

中級

資料が届かなくて、すごく困っています。

依頼していた資料が届かず、
誠に困惑しております。

▶ 相手に催促するときのフレーズ。こちらが困っていることを示すことで、急いでほしいという意図を強く伝えることができます。

トラブル対応

中級

何を言いたいのかわからないです。

お話の内容が
判然といたしませんが…

▶ 相手の話が要領を得ないなど、**はっきりと理解できないとき**などに使います。似た表現の「釈然としない」は、疑いや迷いがあって納得できないというニュアンスを含みます。

中級

こんな状況、放っておけないですよ。

この状況を看過することは
できません。

▶ 「看過」とは見過ごす、放っておくこと。似た表現に「黙認（暗黙のうちに認めること、見逃すこと）」「座視（黙って見ているだけで何もしないこと）」があります。

上級

発注してください。

発注の件、是非賢明なご判断を
お願いいたします。

▶ 適切な判断をしてほしいという意味で、遠回しに**相手の歩み寄りや配慮を求める**表現です。また、立場が上の人に対して辞任を求める際などに使われる場合もあります。

上級

答えてくれないと訴えますよ。

ご回答がない場合はしかるべき処置を取らせていただきます。

▶ 「しかるべき」とは適切なという意味で、内容を具体的に言うことを避けて相手に推察させる言葉です。法的手段など強硬な手法を取る場合にも使われることがあります。

上級

これでは、会社の評判を落とします。

このようなことは、わが社の沽券（こけん）に関わります。

▶ 「沽券に関わる」とは、個人や組織の品位や体面に差し支えるということ。似た表現に「暖簾（のれん）（看板）に傷がつく」があり、いずれも会社や店などの信用を大きく落とすことを意味します。

—— Level Up ——

「沽券（こけん）」と「プライド」

　「沽券」とは、元々は土地や家屋などを売買する際の証文のこと。そこから転じて、現在は人の値打ちや品位、「プライド」を意味するようになりました。ただし、「プライド」は周囲の評価とは関係なく使うのに対し、「沽券」は、既にある程度周りから認められている場合に使う表現です。

手紙で使える四季の言葉

白露(はくろ)の候

二十四節気の一つで、9月8日頃。また、その日から9月22日頃までの期間。少しずつ秋の気配になり、空気が冷えて草花に露が降りるようになる季節です。

錦秋(きんしゅう)の候

「錦秋」とは、野山の紅葉が錦(にしき)(きれいな織物)のように鮮やかで美しい秋という意味。10月頃の時候のあいさつです。

菊薫(きくかお)る候

秋の花として代表的な菊を取り入れた、10月から11月頃の時候のあいさつ。「菊花(きくか)の候」という表現もあります。

初霜(はつしも)の候

「初霜」とは、その秋一番に降りる霜のこと。秋が深まり、寒さが日増しに募る11月頃に使われます。

chapter **4**

つき合いが深まる
あいさつの言葉

scene 09 あいさつする

あいさつは、コミュニケーションの基本です。あいさつ一つで、相手に良い印象も悪い印象も与えます。

✓ 好印象を与えるあいさつ

　あいさつは、まず先に自分からするようにしましょう。明るくはきはきとした声ですることが基本ですが、時と場合に合わせることも大切です。和やかな場面では元気よく、静かでかしこまった場面では落ち着いた声であいさつしましょう。

　また、社内でも社外でも、出会った人には必ずあいさつすることで、良い印象を与えることができます。

基本

いつもお世話になります。

常日頃より、
お世話になっております。

▶ 「常日頃」は、「いつも」や「普段」を丁寧にした表現です。改まった書面や謝罪の手紙などでは「平素」といった表現を使うと良いでしょう。

初級

失礼します。

ごめんください。

▶ 取引先への訪問時や入室時などのあいさつとしては、「ごめんください」という表現のほうが印象が良くなります。

あいさつ

── Level Up ──

相手の名前を呼ぶ

　電話がかかってきたときは、自分の名前や会社名を名乗って出るのが一般的ですが、相手が誰なのかわかっている場合は「〇〇さん、□□です（自分の名前）。こんにちは」と、相手の名前をしっかりと言って出てみましょう。電話をかけた相手もきっと嬉しい気持ちになるはずです。

基本

今日はありがとうございます。

**本日はお忙しいところ
貴重なお時間をいただき…**

▶ 打ち合わせの開始時などに、時間を割いてもらったことに対
して、感謝の気持ちを述べます。季節によって「お寒い中」「お
暑い中」といった表現をつけ足しても良いでしょう。

初級

雨の中、ありがとうございます。

**お足元の悪い中、
お運びくださいまして…**

▶ 天候が悪い中、来てもらったことへのねぎらいと感謝の言葉
です。「雨の中」という直接的な表現より、婉曲的表現のほう
が柔らかく、上品に聞こえます。

初級

わざわざ来てもらってすみません。

**わざわざご足労をおかけして、
申し訳ございません。**

▶ 相手に出向いてもらったときの基本フレーズ。遠くから来て
くれた相手に対しては、「遠路はるばるお越しいただき」といっ
た表現を使いましょう。

基本

遅い時間に失礼します。

夜分に恐れ入ります。

▶ 仕事の状況によっては、遅い時間に相手に連絡しなければいけないこともあります。そんなときは、失礼なことを承知した上での連絡であるという気持ちを伝えるようにします。

基本

休みの日にすみません。

お休みのところ申し訳ございません。

▶ 休日に連絡を入れる場合には、まず休日に連絡することのお詫びを入れます。また、「急を要するため」などと、こちら側の事情もしっかり丁寧に伝えるようにしましょう。

あいさつ

初 級

気楽にしてください。

どうぞ心置きなく
おくつろぎください。

▶ 招いたお客様に対する心遣いの表現です。配慮や遠慮を取り払うことを意味する「心置きなく」は、「気楽」という表現よりも**上品な印象**を与えられます。

中 級

今日は立場の上下を気にせず楽しみましょう。

今日は無礼講ですから、
楽しんでください。

▶ 目上の人が使う、**上下関係を取り払う**表現です。ただし、「無礼講」であっても職場の人間関係を崩してしまわないよう、大人の配慮は必要です。

―― **Level Up** ――

逆は「どうぞお気遣いなく」

　相手の気遣いや厚意を受けた際には、「お気遣いなく」という返事を使いましょう。また、時間がなくて相手の厚意を受けられないことがわかっている場合には、「すぐお暇しますので、どうかお気遣いなく」など、相手に「気を遣わなくても大丈夫です」ということをあらかじめしっかりと伝えます。

初級

お会いできて、嬉しいです。

お目にかかれて、嬉しく思います。

▶ 「お目にかかる」は「会う」のへりくだった表現です。より丁重で改まった表現では「ご尊顔を拝する」が、やや古風な表現では「お目通りが叶う」などがあります。

初級

お会いできて良かったです。

この度はご縁ができて嬉しい限りです。

▶ 「ご縁」という言葉で、相手との良縁（良い関係）ができた喜びを伝え、相手にプラスの印象を与えることができます。

上級

先生のお話が聞けて、とてもよかったです。

先生の謦咳に接することができて、大変光栄です。

▶ 「謦咳に接する」は、尊敬する人に直接会って話を聞くことを敬った表現です。「謦咳」は咳払いのこと。間近で咳払いを聞くだけでも恐れ多い、というニュアンスです。

あいさつ

初級

覚えておいてください。

お見知りおきください。

▶ 相手と初めて会う際に、自分のことを印象づけたいことを伝える表現です。押しつけるニュアンスが和らぐため、相手の負担にならずに済みます。

中級

頑張りますので、いろいろ教えてください。

ご指導ご鞭撻のほど、よろしくお願いいたします。

▶ 自分の受ける指導を敬って言う表現です。「ご鞭撻」とは、鞭を叩いてしごくという意味です。柔らかい表現にするなら「お導き」や「ご指南」と言い換えても良いでしょう。

上級

これからもよろしくお願いします。

今後もどうぞよしなにおつき合いください。

▶ 「よしなに」は、よろしく、良い具合になるようにという意味です。高貴な三つ子の赤ちゃんのへその緒を「4人の信濃」の県主がうまく分けたという日本神話が元とされます。

初級

これからもよろしくお願いします。

末長くよろしくお願いします。

▶ 相手と継続した関係を築いていきたい、今後も長いつき合いをしたい、というときに使う表現です。「引き続き」という言葉もあります。

中級

どうぞよろしくお願いします。

お手柔らかにお願いいたします。

▶ 目上の人や、実力のある競争相手に対して使う表現。暗黙のうちに、相手の力を認めていることを示します。「若輩者ですが」「未熟者ですが」はへりくだった表現です。

あいさつ

中級

遅くなりました。

申し遅れましたが…

▶ あいさつなどが遅れた場合に使う表現です。名刺交換の場面で、相手の名刺を受け取ったあとに自分の名刺を渡す際にも使います。

基本

もう帰ります。

お暇（いとま）いたします。

▶ 「お暇する」は「帰る」をへりくだった表現です。ただし、「お暇をいただく」とすると「仕事を辞める」という意味に取られることもあるため、注意しましょう。

初級

そろそろ帰ります。

お名残惜しいですが、
今日はこれで失礼します。

▶ 「名残惜しい」は、別れがつらく心残りであるという意味。楽しい時間が終わり残念だという気持ちをスマートに相手に伝えることができます。

初級

またお会いしましょう。

またお目にかかれることを
楽しみにしています。

▶ 帰り際に、次回もまた会いたい気持ちを伝える表現です。別れを告げるだけでなく、こうしたフレーズを使うことで前向きな印象を残すことができます。

基本

お元気でしょうか。

ますますご清祥のことと存じます。

▶ ビジネスにおける手紙やメールなどでよく使われる表現です。「清祥」とは、相手が健康で幸せに暮らしていることを意味する言葉です。

—— Level Up ——

「…のことと存じます」

手紙での冒頭のあいさつで使われる定番フレーズ。相手の状況の良し悪しは実際にはわかりませんが、「きっと良い状況だろう、そうあってほしい」という心情からきています。「ご清祥」のほかに「ご健勝」「ご壮健」「ご清栄」「ご隆昌」といった表現も、相手の健康や繁栄を喜ぶ言葉です。

あいさつ

中級

お変わりないことと思います。

つつがなくお過ごしのことと存じます。

▶ 相手の安否を気遣うときに使う表現です。「恙」とは、病気などの災難のこと。つまり「つつがない」とは、災難もなく平穏無事に過ごしているということを意味します。

基本

お久しぶりです。

ご無沙汰しております。

▶ 長く連絡をしていなかったことを詫びる意味で使います。「すっかりご無沙汰しております」や「ご無沙汰ばかりで申し訳ありません」といった表現も良いでしょう。

中級

お久しぶりです。

久方ぶりでございます。

▶ 「お久しぶりです」をやや改まって言うときの表現です。同僚など、仕事関係でも親しくしている人に対しては「しばらくです」といった表現も使えます。

上級

ずいぶんと連絡してなくてすみません。

久しくご無音に打ち過ぎました。

▶ 「無音」とは、長い間、便りをしないこと。「久しくご無音続きで」とも言い、手紙でよく使われます。こうした表現も覚えておきましょう。

中級

お元気でいてください。

ご自愛ください。

▶ 自分自身の体を大切にしてほしい、健康に気をつけてほしいと呼びかける表現です。手紙やメールの最後に一言添えると、あたたかい印象を与えることができます。

上級

会ってお礼したいのですが…

拝眉（はいび）の上、
お礼申し上げるところ…

▶ 「拝眉」とは、相手に会うことをへりくだった表現。書面で相手にお礼を伝える際、最後に添えるフレーズです。本当は直接会ってお礼をしたい気持ちであることを相手に伝えます。

あいさつ

—— Level Up ——

手紙で使う頭語と結語

　手紙のルールの一つに、頭語と結語があります。頭語と結語の組み合わせは基本的に決まっており、「拝啓」で始めた場合は「敬具」、「前略」で始めた場合は「草々」とするなどです。結語の一つである「かしこ」は出だしの言葉が何であっても使うことができますが、女性が使う言葉なので注意が必要です。

> 言い換えで会話の達人

≫ 距離を縮めるあいさつ

「大切にされている」と相手が思えるように。

■ 親しみを込める

　接客において店員がお客様に声をかける最初の一言も、工夫次第で好印象を残すことができます。親しみを込めて「こんにちは」と声をかけることで、客側も自分が大勢のうちの一人ではなく、大切なお客様として対応されていると感じるのです。

■ 過去からつながる一言を

　儀礼的なあいさつの言葉で済ませず、プラスの一言を添えてみましょう。例えば「〇〇さん、この前教えていただいたお店、行ってみましたよ」のように、きちんと相手の名前を呼び、過去の会話からつながる内容を伝えると、相手も嬉しく感じます。

scene 10 誘う・誘われる

　人を何かに誘う場面では、相手に気軽に応じてもらえるようなフレーズを使いましょう。

✓ 相手の都合が最優先

　人を誘うときには、あくまでも相手の都合を優先することを忘れてはいけません。最初から日時を決めるのではなく、候補日として都合の良い日を聞くことが大切です。

✓ 誘いに応じるとき

　自分が誘われたときは、相手への敬意を忘れずに「誘って良かった」と思ってもらえるような返事をしましょう。

基本

めんどくさくなかったら、来てください。

ご面倒でなければ、
いらっしゃってください。

▶ 面倒かもしれませんが、と相手を先回りして気遣うニュアンスを含むため、このフレーズを使うことで相手の負担感を軽減できます。「ご都合がよろしければ」も同様です。

初 級

皆さんでどうぞ、来てください。

皆様お誘い合わせの上、
是非お越しください。

▶ 取引先の相手などを懇談会や自社開催のイベントなどに誘う際に使う表現です。「他の方も気軽に誘ってください」という意味合いも含まれています。

上 級

飲みに行きましょうよ。

ご一献いかがですか。

▶ お酒でのもてなしをしたい気持ちを伝える表現です。取引先の相手など目上の人に対して使う格式ばった表現のため、使用する場面には注意しましょう。

基本

行けると思います。

喜んで、ご一緒させていただきます。

▶ 先輩などから誘いに応じる際、日程的に問題がなければ「打てば響く」と思われるような反応を示しましょう。「私で良ければ…」といったフレーズも効果的です。

中級

いつもすみません…

日頃のご厚意に甘えまして…

▶ お世話になっている人からの申し出を受け入れるときには、普段からの感謝を伝えることが大切です。「甘えて」という表現を使うと、相手の自尊心をくすぐることができます。

— **Level Up** —

「内諾」「快諾」「受諾」の違い

いずれも相手の要求や依頼を受け入れるという意味ですが、「内諾」は非公式な形で受け入れる、「快諾」は気持ち良く受け入れる、「受諾」は要求や勧告など、ある種の圧力によって受け入れる、とそれぞれ細かなニュアンスが異なります。状況に応じて使い分けをすることで、伝えたい内容を正確に伝えることができます。

初級

参加します。

遠慮なく、参加させていただきます。

▶ 誘いへの感謝と、参加したいと思う気持ちを、ストレートに相手に伝えるフレーズです。普段より少し声のトーンを上げて言うことで、さらに好印象を与えられます。

―――――――――――――――――――――― **Level Up** ―

「やぶさかではない」

「やぶさか」は「吝か」と書き、けちけちしている、物惜しみする様子のこと。「やぶさかではない」は「喜んで…する」「努力を惜しまない」といった意味のフレーズです。「いやいや…する」「しぶしぶ…する」という意味で使われがちですが、誤った解釈ですので気をつけて使いましょう。

あ
い
さ
つ

中級

前からやりたかったので、引き受けます。

願ってもない機会をいただき、
ありがとうございます。

▶ チャンスをもらえた喜びはしっかりと伝えましょう。ただ、商談など結果が見えないようなときは場合に応じて「結構なお話をいただき…」といったフレーズを使いましょう。

初級

部長も絶対来てくださいよ。

部長がいないと始まらないですよ。

▶ 「あなたがいないと意味がない」というニュアンスで、相手の自尊心をくすぐる表現。ややくだけたフレーズなので、親しくつき合っている相手に使いましょう。

初級

○○さんも、来てほしいです。

○○さんのお話もお伺いしたいので、是非…

▶ 誘いを受けてもらいやすくなる言い回し。ただ「来てください」と言うだけでなく、なぜ相手に来てほしいのか理由を一言添えると、相手も行こうという気持ちが強くなります。

―――― Level Up ――――

自分のことを話して距離を縮める

「相手のことをもっと知りたい、距離を縮めたい」と思ったときは、世間話に自分のプライベートな話を少し織り交ぜてみましょう。相手に突然立ち入った質問をするのは失礼ですが、まず自分からそういう話をすることで、相手も自然と個人的な話をしやすくなり、距離が近くなります。

中級

うちの〇〇さんに言われて…

弊社の〇〇より言付かりまして…

▶ 上司などの代理で、誘いの連絡をするときに使うフレーズ。「言付かる」とは、伝言などを人から頼まれるという意味です。

中級

食事をしに行きましょう。

一席設けさせていただきたく存じます。

▶ 改めて会食をする場を設けたいという、接待のお誘いをするときの定番フレーズ。「接待」という直接的な表現を避けつつ、丁寧に相手に伝えることができます。

あいさつ

scene 11 お祝いを述べる

お祝いの気持ちを伝えるときには、伝える相手との関係や伝える手段などをよく考えましょう。

✓ タイミングが遅れないように

上司や取引先などのお祝い事を知ったら、なるべく早めにお祝いの気持ちを伝えましょう。

✓ 今後のつき合いにつなげる

昇進や栄転、転職など、相手の立場が変わったとしても、これまでの縁を大事にし、これからもおつき合いをしていきたいという気持ちを添えましょう。

初級

昇進、よかったですね。

ご昇進おめでとうございます。

▶ 上司や取引先の担当者が、今の地位よりも昇進することをお祝いするフレーズです。ただし、**確実に昇進する場合に使うべき**言葉なので、事前に情報を確認しておきましょう。

上級

おめでとうございます。

誠に大慶に存じます。
たいけい

▶ この表現もお祝いの気持ちを伝えるもので、**かしこまった場面や手紙など**で使われます。「慶賀に堪えません」といったフレーズも同様の表現です。

あいさつ

―――― Level Up ――――

「喜ぶ」or「慶ぶ」？

　どちらも「よろこぶ」と読みますが、一般的な表現は「喜ぶ」で、幅広い範囲で使うことができます。対して、「慶事」「慶賀」という言葉があるように、「慶ぶ」には「喜ぶ」意味のほかに「祝う」「めでたい」などの意味もあります。結婚式などの改まったお祝いの場合で使われることの多い表現です。

初級

これから頑張ってください。

今後のさらなるご成功をお祈りしています。

▶ 上司や取引先の担当者の転職や転勤などに際して、応援の意味を込めて使うフレーズです。「ご成功」の代わりに、「ご健康」や「ご活躍」と言い換えても良いでしょう。

上級

この日を迎えられて良かったですね。

今日の日を迎えられ、感慨もひとしおのこととお喜び申し上げます。

▶ 開店や開業などのお祝いの際、待ちに待ったこのときが来たことを喜ぶ気持ちを伝えるときに使うフレーズ。「ひとしお」は古い大和言葉で「ひときわ」を意味する言葉です。

上級

皆さんも喜ばれていると思いますが…

皆様のお喜びもいかほどかと推察申し上げております。

▶ 開店や開業などのお祝いで使う表現です。「推察」は他者の心情や事情を思いやり、推し量ることを意味します。

初級

お名前を教えてください。

ご芳名を頂戴しております。

▶ 「ご芳名」は、名前の敬語表現として使われる言葉です。結婚式など改まった場面で用います。「ご尊名」という言葉を使うのも良いでしょう。

初級

自由にお話しください。

ご歓談ください。

▶ 宴会などの幹事を任された際、序盤のあいさつや乾杯のあとに使います。会の終了近くで手締めをする「中締め」や会の終了を示す「お開き」といった言葉も覚えておきましょう。

あいさつ

——— Level Up ———

忌み言葉

　忌み言葉とは、その場面にふさわしくなく、縁起が悪いとして使うことを避ける言葉のこと。結婚式での別れを連想させる言葉（切る、離れる、返すなど）や、再婚を連想させる重ね言葉（いろいろ、だんだん、いよいよなど）などが代表的なものです。知らずに使うことのないよう、気をつけましょう。

115

scene 12 お悔やみを述べる

　お悔やみを述べる際は、亡くなった人の立場や年齢などさまざまな要因で言葉が変わってきます。

✓ 基本は直接会って述べる

　お悔やみの言葉は、基本的には直接会って伝えるものですが、状況によっては電話や手紙、電報などで伝えなければならないケースもあります。特に文字としてあとまで残る手紙や電報では、慎重に言葉を選ぶようにしましょう。また、伝える手段に問わず、お悔やみの言葉を伝えるときには余計な話題をつけ加えず、端的に伝えることを心がけましょう。

基本

悲しいです。

ご冥福をお祈りします。

▶ 故人を悼む言葉です。話し言葉よりも、**弔電や手紙などで使う場面が多い**フレーズです。他に「ご愁傷様です」「お悔やみ申し上げます」といった表現も使われます。

中級

悲しいでしょうね。

お悲しみいかばかりかと存じます。

▶ 遺族などへのお悔やみとして使われるフレーズです。「いかばかりか」は、「どれほどのことか」と強い気持ちを示します。「お力を落とされませんように」という言葉も使われます。

あいさつ

―― Level Up ――

「乾杯」と「献杯」の違い

　宴会で行われる「乾杯」は、慶事や健康を祝し、杯を差し上げて飲み干す行為です。それに対して、「献杯」は杯を相手に差し出して敬意を示す行為のことです。献杯は、葬儀や法要後の会食で行われますが、このときは、乾杯のように杯を高く上げたり、杯同士を打ち合わせたり、拍手をしたりしません。

scene 13 物を贈る・もらう

手土産を渡す行為には「今後も良い関係を築いていきたい」という意思表示の意味合いもあります。

✔ 渡すタイミング

手土産を渡すタイミングとしては、名刺交換やあいさつが済んだあとが最適です。一言添えて渡します。

✔ 渡す役割は上司に任せる

上司と一緒に訪問している場合には、手土産を渡す役目は上司にお願いしましょう。渡す相手としては、その場で最も高い地位の人です。

初級

つまらない物ですが、食べてください。

心ばかりの品ですが、
どうぞ召し上がってください。

▶ 「つまらない物ですが」はつい使いがちですが、少し卑屈に感じられる表現です。ここは「心ばかりの品ですが」という、あたたかみのあるフレーズを使ってみましょう。

上級

お土産です。つまらない物ですが、どうぞ。

お土産です。
よろしければご笑納ください。

▶ 「笑って納めてください」という意味。こちらから物を贈る際に使いますが、かなり親しい間柄の相手以外には使わないほうが無難です。

上級

贈ってくれてありがとうございます。

ご恵投くださいまして、
お礼申し上げます。

▶ 目上の人や取引先から贈り物を受けた際に感謝を示すフレーズ。「恵投」は、人から物を贈られることを意味します。他に「恵贈」「恵与」という表現もあります。

あいさつ

基本

おいしいかわからないですが…

お口に合うかわかりませんが…

▶ 手土産などで、食べ物を贈る際に使用するフレーズです。へりくだった表現では、「ほんのお口汚しですが」などもあります。

中級

この前くれたボールペン、使っています。

先日いただいたボールペン、とても重宝しています。

▶ 「重宝」は便利で役立つという意味です。日常的に使えるような物をもらった場合、あとで実際に使っているということを伝えると、贈った相手も嬉しくなります。

―― Level Up ――

「厚志」「芳志」「寸志」の違い

ビジネスシーンにおいて「ご厚志」とは、歓送迎会などで主賓や上司が出すお金のことを指します。「ご芳志」も同じ意味で使われますが、さらに相手を敬った表現です。「寸志」は、お世話になった人への感謝の気持ちとして渡す金品をへりくだって言う表現ですが、目上の人には使えないので気をつけましょう。

中 級

良い物をくれて…

お心尽くしの品をお贈りいただき…

▶ 目上の人から贈り物をもらったときに、感謝の気持ちを伝える表現。「心尽くし」は、まごころや好意が込もっている状態を意味する言葉です。

― Level Up ―

「お持たせで失礼ですが」

　お客様からもらった物を、その場で食べてもらうときのフレーズ。「お持たせ」はお持たせ物の略で、人が持ってきたお土産や贈り物のことです。「いただいたばかりですぐに出してしまい、すみません」という意味合いですが、手土産が日持ちのしない生菓子などの場合は、すぐに出すのがマナーとされています。

あいさつ

手紙で使える四季の言葉

冬

歳晩(さいばん)の候

「歳晩」とはその年の終わり、暮れのこと。12月、特に年末に使う時候のあいさつです。

頌春(しょうしゅん)の候

年賀状にも使われる「頌春」は、1月の時候のあいさつにも使用できます。「頌」とはほめる、たたえるの意味で、新しい年(旧暦では春)を喜ぶ表現です。

大寒(だいかん)の候

二十四節気の一つで、1月21日頃。また、その日から2月3日頃までの期間。寒さがもっとも厳しい時季です。

梅花(ばいか)の候

2月、梅の花が咲く頃の時候のあいさつ。冬が終わりに近づき、春の兆しが感じられる言葉です。

chapter **5**

関係を
円滑にする表現

scene 14 ほめる

ほめ言葉も千差万別。豊富な表現の中から相手にぴったりのものを選んで、ほめ上手になりましょう。

✔ 第三者のほめ言葉を伝える

ほめるときには、自分の気持ちだけでなく、第三者のほめ言葉を伝えると相手は嬉しさが増します。「〇〇さんも、ほめてたよ」と添えてみましょう。

✔ ほめられたらお礼で返す

ほめられたときには、「そんなことありません」と謙遜するよりも、お礼の気持ちを丁寧に伝えましょう。

初 級

彼なら、安心です。

彼の腕は、折り紙つきです。

▶ 折り紙とは元々、保証書や鑑定書のことを言います。そこから、保証がついているほど確実で定評があるという意味合いで使われるようになりました。

初 級

彼女はいつか大物になりそうですね。

彼女は将来、ひとかどの人物になりそうですね。

▶ 「ひとかど」は「一角(一廉)」と書き、「いっかど」とも読みます。際立って優れていることを意味し、「ひとかどの人物」とは優秀な人物であることを評する表現です。

初 級

思っていたより良いですね。

期待以上の成果が上がりましたね。

▶ 予想以上の成果を上げた部下などに対して使うフレーズです。「○○さんのおかげで…」などとつけ加えると、なお良いでしょう。

円滑な関係

中級

他と比べようがないほどすごい能力ですね。

比類ない能力をお持ちですね。

▶ 他に比べる相手がいないほど、優れていることをたたえる表現です。似た表現では「卓越した」「傑出した」などがあります。

中級

今回の会議はすごい人たちがいますね。

今回の会議は錚々たるメンバーがそろっていますね。

▶「錚々たる」は、金属製の楽器の音がよく響く様子を示し、ある分野で抜きん出た存在であることを意味する表現です。なお、「壮々たる」というのは誤字なので、注意しましょう。

―――――――――――― Level Up ――

「白眉」

　優れたことを表す「白眉」は、『三国志』の逸話が元となった言葉です。馬氏という一族の兄弟の中で、眉に白毛があった馬良が最も優れていたという話から、多数の中で優れている人や物のことを指す言葉となりました。似たものとしては「一頭地を抜いている（頭一つ分抜き出ている）」という表現もあります。

基本

そちらの商品はものすごい人気ですね。

御社の商品は絶大な人気を
誇っていますね。

▶「絶大」は、この上もなく大きいという意味です。人気のほか、
信用や権力などに使われます。

初級

○○さんは、いつも仕事が完璧ですね。

いつも○○さんの仕事は
非の打ちどころがないですね。

▶「非」は傷や欠点のこと、「打つ」は印をつけることを意味し
ます。つまり、傷一つないという意味で、完璧で完全、非難
すべきところがない、ということを表します。

上級

○○さんの他に代わりはいません。

○○さんは、余人をもって
代えがたい存在です。

▶「余人」は「他の人」という意味です。つまり、その人以外に
代えがきかない、その人でなければだめである、という意味
合いのフレーズです。

円滑な関係

中級

〇〇さんの実力ですね。

〇〇さんの本領発揮ですね。

▶ 「本領発揮」は、本来持っている実力を **100%発揮して、期待通りの成果を出した状態**を表す言葉です。「真骨頂」や「面目躍如」といった言葉も同様に使われます。

上級

ものすごい活躍ですね。

八面六臂の大活躍ですね。
（はちめんろっぴ）

▶ 「八面六臂」とは、8つの顔と6本の腕を持つ仏のことで、そこから**多方面ですばらしい働きをしている**ことを表現する言葉となりました。大活躍している人を称賛するフレーズです。

上級

バリバリ仕事していますね。

辣腕を振るわれていますね。
（らつわん）

▶ 「辣腕」とは、ためらわず的確に物事を処理する能力のこと。**スピーディーかつ精力的に仕事をこなしている**人をほめるときの言い回しです。

初 級

△△の業務が上手ですね。

△△の業務はお手の物ですね。

▶ 上司や先輩が得意としていることをほめる際に使う表現です。
また、得意としていることを表す言葉に「十八番」があります。

初 級

本当にうまいですね。

どうしたらこんなに
うまくなれるんですか。

▶ 例えば、上司や先輩の趣味のスポーツなどにつき合った際な
どに使えるフレーズです。「どうしたら…」とつけることで、
本気ですばらしいと思っていることを伝えることができます。

上 級

うまいですね。

熟達されていますね。

▶ 「熟達」とは、手つきや動作が訓練や練習によって手際よく、
上手である様子。「さまになっている」は似た表現ですが、上
から目線のニュアンスが含まれるので注意が必要です。

円滑な関係

初級

一級品と比べても見劣りしませんね。

この出来ばえは、
一級品と比べても遜色（そんしょく）ないですね。

▶ 「遜色」の「遜」は「劣っている」という意味です。それを「ない」で打ち消していることから、「劣ることなく、十分に対抗することができる」という意味合いの言葉です。

初級

○○さんの実力は部長と同じくらいですよ。

○○さんの実力は、
部長に匹敵（ひってき）しますよ。

▶ 「匹敵する」は、相手と対等の力や地位であることを示す表現です。「肩を並べる」という表現も同様の意味合いを持っています。

初級

部長の料理、本当においしいですね。

部長のお料理は、
レストラン顔負けですね。

▶ この場合は「レストランのシェフ並みの料理の腕前」であることを相手に伝えることができます。他に「プロ顔負け」など、相手の技術などに圧倒されることを意味します。

中級

手馴れていますね。

堂に入った仕事ぶりですね。

▶ 「堂に入る」とは、修練を経て、仕事や技術などがよく身についている様子のことを言います。孔子の『論語』に由来し、かなり深く理解・習得している様子を指す表現です。

― Level Up ―

「板につく」

　経験を積み、技術や態度、手際などが、職業や地位に合ったものになっていることをほめる意味合いで使われます。役者が、出演を重ねることで舞台（板）になじんでいくように感じることからきています。部下や後輩の仕事ぶりなどをほめるときの表現ですので、目上の人には使わないようにしましょう。

円滑な関係

初級

しっかりした考えをお持ちですね。

深い見識をお持ちですね。

▶ 「見識」は、**物事の本質を見通す判断力や理解力、しっかりとした意見**のことを言います。似た表現として「眼識」がありますが、これはおもに美術品を対象とした場合に使われます。

初級

頭が良いですね。

頭脳明晰ですね。
（めいせき）

▶ 「明晰」は、**明らかではっきりとしている**ことを意味します。「聡明」という言葉も同様に頭が良いことを表しますが、こちらは洞察力や判断力が特に優れている場合に使う表現です。

初級

頭の回転が速いですね。

頭が切れますね。

▶ 物事の判断と決断が早く、さまざまな**問題への処理能力が優れている**ことをほめる表現です。「切れ者」は、頭が切れる人を指す言葉です。

中級

うまく言いますね。

言い得て妙ですね。

▶ 相手の言葉や例えの的確さをほめるときに使う表現です。ここでの「妙」とは、不思議で奇妙なことではなく、非常に優れていることという意味です。

中級

深い言葉ですね。

含蓄のある言葉ですね。

▶ 「含蓄のある」とは、内側に含んでいることを言い表し、深みのある言葉をほめる場合に使います。「含蓄がある○○」ではなく「含蓄のある○○」が一般的に正しい使い方です。

中級

良くできた文章ですね。

秀逸な文章ですね。

▶ 「秀逸」は、文章や詩、俳句などに使われることが多いほめ言葉です。また、文章や音楽などがきれいに流れるような様子を表現する言葉として「流麗」というものもあります。

円滑な関係

初 級

よく見ていますね。

目が利きますね。

▶ 物の価値を見分ける鑑識眼があることをほめる言葉です。「目端が利く」は、言葉は似ていますが意味が異なり、その場の状況に応じて機転がきくという意味です。

初 級

よくわかっていますね。

お目が高いですね。

▶ 物を選ぶセンスがあるなど、物事の本質や価値を見抜く力があることをほめる表現です。ただし、時と場合によっては「ごますり」の印象を与えてしまうため注意が必要です。

――― Level Up ―――

「慧眼の持ち主」「慧眼の士」

「慧眼」とは、元々仏教用語で、悟りを開く僧の智恵を眼力に例えたことからきている言葉です。優れた洞察力で、今起きている問題の原因や背景を深く分析し、業界や市場の先行きを見通せる人に対して使う表現です。「先見の明がある」という言葉も同じような意味で使われます。

中級

芸術についてたくさん知識があるんですね。

芸術についての造詣が深いですね。

▶ 相手の深い知識をほめる場面で使います。「造詣」とは、特定の分野に関する広く深い知識や理解のことを言い、おもに学問や美術などの分野に対して使われます。

上級

この分野についてすごく詳しいですね。

こちらの分野については知悉していらっしゃいますね。

▶ 「知悉する」とは「悉く知る」ということで、物事の細かな点まで知り尽くしていることを意味します。また、広い知識を持っていることを「博識がある」と言います。

―― Level Up ――

「通暁している」

「暁」は「夜明け前」のこと。元々「通暁」は夜が明けるまで夜通し何かをすることを指す言葉でしたが、そこから物事を深く知り尽くしているという意味にもなりました。なお、「通」という言葉だけの場合、趣味や道楽などに関する事柄に精通していることを指す表現となっています。

初級

さすが部長ですね。

部長は懐が深いですね。

▶ 上司や先輩の中には、部下や取引相手が起こした、ちょっとした失敗なども受け入れてくれる人がいます。そんな度量が大きい人を賞賛する、ややカジュアルなフレーズです。

中級

〇〇さんのように心の広い人になりたいです。

〇〇さんのように清濁併せ呑むような人になりたいです。

▶ 大海が清流（きれいな水の流れ）も濁流（泥で汚れた水の流れ）も分け隔てなく受け入れる様子から、どんな人でも受け入れる包容力があることを指します。

中級

〇〇さんは大らかな人ですね。

〇〇さんは鷹揚な方ですね。

▶ 「鷹揚」は中国に由来する古い言葉です。鷹が大空をゆうゆうと飛んでいる様子から生まれた表現で、些細なことにこだわらず、ゆったりとした振る舞いのことを表します。

中級

きれいなドレスですね。

目もあやなドレスですね。

▶ きらびやかで直視することができないような美しい様子を意味する言葉です。「見目麗しい」「容姿端麗」「水際立つ」「眉目秀麗」といった言葉も、容姿などの美しさを表す表現です。

中級

きれいな建物ですね。

壮麗な建物ですね。

▶ 「壮麗」は、規模が大きくて立派で美しい様子を意味し、おもに建築物に対して使われます。また、高尚で優美な文章や書画をほめたたえる表現には「風雅」という言葉があります。

— Level Up —

「いなせ」

「いなせ」は「粋で威勢がよく、かっこ良いさま」を表現する言葉です。「粋」は、江戸町人が理想とした美意識を表した言葉で、「容姿や身なり、態度などがさっぱりしていて垢ぬけている様子」を指します。「乙」という表現もありますが、これは「しゃれっけがあり、ひねりのきいた趣があるもの」を意味します。

円滑な関係

137

初級

これはすごくおいしいですね。

これは絶品ですね。

▶ 「絶品」は「他の物とは比べ物にならないほど、優れている物」を指します。よく使われるのは料理の味をほめる場面です。他にも「逸品」「各別」「極上」といった言葉があります。

中級

とても工夫されていますね。

趣向を凝らしてありますね。
しゅこう

▶ 「おもしろくするための工夫やアイデア」のことを「趣向」と言います。あれこれと考えが巡らされていることをほめる表現です。

上級

いい匂いがしますね。

馥郁たる香りがありますね。
ふくいく

▶ 「馥」「郁」はともに豊かな香りやかぐわしい匂いという意味を持ち、良い香りがあたりに広く漂っている様子を表します。花の香りなどによく使われる表現です。

上級

どの料理もおいしいですね。

滋味あふれるお料理の数々ですね。

▶ 「滋味」とは、豊かな味わいの料理や食材のことを指します。味が良いだけではなく、栄養も豊富な食材に関して使われるのが特徴です。

上級

香りも味もいいですね。

芳醇な味わいですね。

▶ 「芳醇」は、香り高く味の良いことを意味します。おもにワインなどのお酒のおいしさを形容する表現ですが、コーヒーやチーズなど、香り豊かな食材にも使うことができます。

── Level Up ──

「舌鼓を打つ」

「舌鼓」とは、「あまりのおいしさに鳴らしてしまう舌の音」のことで、おいしい料理を食べたことを表現する言葉です。正式な読み方は「したつづみ」ですが、現在では「したづつみ」も間違いではないとされています。「顎が落ちる」や「頬が落ちる」なども同様の意味合いを持ちます。

円滑な関係

scene 15 立てる・へりくだる

　謙譲表現を使いこなすことで、仕事を円滑に進めることのできる関係を築きましょう。

✔ 自分を謙遜して表現する

　自分を下げる表現を使うことで、相対的に相手を立てます。「弊社」「小社」などもその一つです。

✔ 二重敬語に注意

　「拝見させていただきます」は、一見間違いではないように思えますが、「拝見する」と「…させていただく」はともに謙譲語で二重敬語となり、誤った表現です。

初 級

○○さんみたいになりたいです。

○○さんにあやかりたいです。

▶ 「あやかる」とは、ある人に感化され、同じようになるという意味。上司や先輩などに、「自分もあんな風になりたい」と憧れている気持ちを伝えたいときに使ってみましょう。

中 級

そんなことないです。

とんでもないことでございます。

▶ ほめ言葉やお礼に対して謙遜するときに使います。「とんでもない」で一つの形容詞なので、「とんでもございません」とするのは誤りです。また「滅相もない」も似た表現です。

— Level Up —

相手を立てる表現

　仕事では、引き受けづらい内容であっても断れない場面があります。そんなときは、恩着せがましくせず、特別感を与える「他ならぬ○○さんの頼みなら…」という相手を立てるフレーズを使って引き受けましょう。逆に、仕事を頼む場合は「○○さんの右に出るものはいないので是非」というフレーズを使ってみましょう。

円滑な関係

初級

見せたくないです。

**人様にお見せするほどでは
ございません。**

▶ 趣味などにおいて、相手から腕前を披露することを求められることもあります。そんなときは、このフレーズを使うことで、その求めを**やんわりと避ける**ことができます。

初級

はい、行きます。

喜んでお供させていただきます。

▶ 上司から商談などについてくるように言われたときの返答に使えるフレーズ。また、目上の人から食事などに誘われた際は、相手に敬意を払い「お相伴させていただきます」と答えましょう。

——— Level Up ———

「お粗末様でした」

料理を始めとした趣味の腕前を披露した際に、「大したものを提供できませんでした」と謙遜するフレーズです。一般的には、目上の人から「ごちそうさま」と言われたときにかしこまった返事として使うことが多いですが、身近な人に対しては「どういたしまして」だけでも十分です。

中級

大したことない意見ですが…

月並みな意見ですが…

▶ 会議などで発言をする前に、前置きとしてつけ加える表現。「平凡で新鮮味などないですが」とへりくだるニュアンスです。他に「ありきたり」「陳腐」といった表現もあります。

上級

暮らしていくのがやっとです。

糊口をしのぐ生活です。

▶ 「糊口をしのぐ」とは、お粥で日々を生き延びるという意味。自分の暮らし向きを聞かれた際に、やっと食べていける生活であるとへりくだって表現するフレーズです。

— Level Up —

「末席を汚す」

会合に参加することを謙遜する意味合いのフレーズです。「末席」とは下座のこと。「自分は会の中では、最も末席にいるべき人間で、会において分不相応な存在である」と自分を卑下すると同時に、それだけ恐れ多い立派な場に呼んでもらっていることを恐縮している表現です。

円滑な関係

> 言い換えで会話の達人

≫ 不快にさせない反論の仕方

相手の考えを認めると

反論だと思われない。

■ 相手の考えを受け止める

「それは違います」「そんなの無理に決まっている」など、相手の考えを強く否定する表現は、萎縮や反発を招きます。違うと言い切るのではなく、まずは「そうですね」「そういう考えもあるね」など、相手の考えを一旦認めることが大切です。

■ 反論ではなく提案というスタイルで

相手の意見を認めることで、相手もこちらの話を聞く余地ができます。そのあとで「こう考えることもできませんか」「この案ではどうか」といった表現を使うと、相手も反論されていると感じにくく、スムーズに自分の考えを伝えることができます。

円滑な関係

scene 16 アドバイスする

アドバイスの際も言葉の選び方は重要です。相手が受け入れやすい表現を使いましょう。

✔「べき」は使わない

根拠のない「…すべき」という考えに基づいたアドバイスは、押しつけているように伝わってしまいます。決めつけた物言いにならないよう気をつけましょう。

✔ 第三者の批判の伝え方

ほめるときとは反対に、第三者の批判は相手に直接伝えることを避け、助言の形で遠回しに伝えましょう。

初級

こうしなさい。

○○さんだからこそ言うけど…

▶ 「あなただからこそ」という言葉は、相手に「この人は、自分に期待を持ってくれている」という印象を与えます。プレッシャーを与えないよう、ここぞというときに使いましょう。

初級

ここがだめだから変えなさい。

良いですね。
これでさらにつけ加えると…

▶ 部下や後輩の仕事に対して注意するときには、相手を認めた上で、もう一段階上のレベルを求めるようなフレーズを使ってみましょう。まず肯定することが大切なポイントです。

—— Level Up ——

「一緒に」のニュアンスを

　部下や後輩に対してアドバイスや指示を出すとき、命令口調ではときに反発を招きます。「○○してください」ではなく「○○しよう」という表現を使ってみましょう。「自分も含めて一緒に」というニュアンスも込められているため、言われた相手のモチベーションも上がるはずです。

円滑な関係

中級

お節介かもしれませんが、忠告します。

老婆心ながらご忠告申し上げます。

▶「老婆心」とは、必要以上の世話焼きのこと。指摘する際に「お節介とは思うけど」と謙遜して伝えることができます。目上の人には不適切なので、代わりに「僭越(せんえつ)ながら」を使います。

中級

一言、言っておきたいことがあります。

蛇足(だそく)ですが、一言よろしいですか。

▶「蛇足」は中国の故事に由来する言葉で、不要な物、余計なつけ足しといった意味。何かを指摘する際にこのフレーズを添えると、相手の心情が和らぎます。

中級

今日はミスが多いね。

今日はいつもの精彩を欠いて
しまっていますね。

▶ 相手の失敗に対して言及したいときは、「精彩を欠く」という表現を使ってみましょう。「いつもの」とつけ加えると、相手の本来の力に期待していることも伝えられます。

中級

〇〇さんがこんなミスをするなんて。

〇〇さんらしくもなく、
驚いています。

▶ 「らしくない」は「いつもとは違っている様子」を意味します。仕事上でのミスについて、やんわりと相手に反省を促すときに使うフレーズです。

—— Level Up ——

評価するときの言葉に注意

　その人の人間性が最もよく表れるのが、人を評価するときの言葉です。ネガティブな言葉や表現ばかりを使っていると、自分の品格まで下げてしまいます。長所と短所は表裏一体です。短所と思われる部分を言い換えてポジティブな表現で評価することで、周囲の人もあなたに好感を持ってくれるはずです。

円滑な関係

四季折々の言葉

朧月夜（おぼろづきよ）

春の夜に、月がぼんやりとかすんでいる風景を表します。昼と夜の寒暖差から、霧やもやが出るために起こります。「おぼろづくよ」とも読みます。

短夜（みじかよ）

「たんや」とも読み、短い夏の夜を表す言葉。夏の季語でもあります。反対の意味を持つ「夜長（よなが）」は秋の季語です。

星月夜（ほしづきよ）

秋の季語で、空がきれいに晴れて、星が月のように明るく光る夜のことを表します。「ほしづくよ」とも読みます。

除夜（じょや）

大晦日（おおみそか）の夜のこと。新しい年に変わる夜なので「旧（ふる）い年を除く」ことからこう呼ばれます。「年（とし）の夜（よ）」とも言います。

chapter **6**

会議や打ち合わせで
使える一言

scene 17 決意を示す

　どう頑張るのかを具体的に表現しつつ、確固たる自分の気持ちを伝えましょう。

✓ 改まった表現を選ぶ

　気持ちの強さを表現するために改まった表現を用いましょう。自分だけでなく周囲の雰囲気も引き締まります。

✓ 卑下する表現を避ける

　あまりに謙虚な表現では、消極的だと取られてしまいます。自分を卑下しすぎることなく、前向きな言葉を使うようにしましょう。

中級

集中して頑張ります。

鋭意努力いたします。

▶ 「鋭意」とは、**気持ちを集中させて頑張る**こと。「努力する」とセットでよく使われますが、他に「研究」「制作」など「○○する」という言葉と組み合わせることができます。

中級

一生懸命頑張ります。

粉骨砕身努めてまいります。

▶ 目標達成に向けて懸命に努力するときに使うフレーズ。**骨身を惜しまず、力の限り頑張る**ことを意味します。「粉骨砕心」としないように注意しましょう。

── Level Up ──

「腐心する」

　文字のイメージから悪い意味のように感じられますが、「腐」には心を痛める、思い悩むという意味もあり、「腐心する」とは問題解決や目標達成のために、いろいろと心を巡らせて思案することです。「彼は問題改善に向けて腐心している」などと使い、自分が力を尽くすというときにはあまり使いません。

会議・打ち合わせ

153

中級

みんなで頑張っていきましょう。

互いに切磋琢磨してこの状況を
乗り切っていきましょう。

▶ 「切磋琢磨」は元々、骨や牙を切って研ぐ、石や玉を磨くといった意味の言葉。それが転じて、仲間とともにお互いに努力し、高め合うといった意味合いになりました。

中級

一生懸命頑張ります。

全力を傾注します。

▶ 精一杯頑張ることを相手に伝える表現です。会話よりも、書面でよく使われます。似た表現には「全力を尽くす」「力を尽くす」などがあります。

上級

強い気持ちで頑張ります。

不退転の決意で頑張ります。

▶ 「不退転」は元々は仏教用語です。信念を固く持ち、何事にも屈せずに、あとに引かないといった強い決意を示す言葉です。

上級

何があっても耐えます。

けんにん ふ ばつ
堅忍不抜の志でまいります。

▶ 「堅忍」は我慢強くこらえること、「不抜」はしっかりとして動じないこと。何があっても信念を曲げずに辛抱するという強い気持ちを伝えるフレーズです。

上級

前に向かって頑張ります。

まいしん
邁進してまいります。

▶ 「邁」にも「進む」という意味があり、「邁進」で前に向かってまっすぐに進むことを表します。勢いを持ってひたすらに突き進むニュアンスです。

―― Level Up ――

努力を示すフレーズを使う

　仕事内容やスケジュール、予算などいろいろな要因から、依頼先の要望に応えることが難しいというケースもあります。そんなときは、あらかじめすべてに応じることはできないと伝えた上で、「ご期待に添えるよう頑張ります」とつけ加えましょう。こちらの努力しようという意思が相手に伝わります。

会議・打ち合わせ

初級

まじめにやります。

日々の業務に勤しみます。

▶ 熱心にコツコツと物事に取り組む気持ちを伝える表現。似た表現の「励む」は、気力を奮い立たせて頑張るというニュアンスがあります。場面に応じて使い分けましょう。

上級

毎日頑張ろうと思います。

日々精励いたす所存です。

▶ 自分が考えている内容を相手に伝えたいときには、「…所存です」という表現を使います。改まった場面で目上の人への決意を表明するときなどに使いましょう。

上級

もっと勉強して頑張ります。

より研鑽に励む次第です。

▶ 「研鑽」とは、学問などを究める、深めること。知識を学び経験を積むことで自分の力を磨き、向上させたいという意志を伝えたいときに使いましょう。

中級

今回の案件については努力していますが…

今回の案件についてはいろいろと心を砕いておりますが…

▶ 「心を砕く」も力を尽くすという意味で使われますが、「心」という字が入ることから、いろいろと苦心する、気を遣う、心配するというニュアンスがあります。

中級

期日は守ります。

期日は遵守_{じゅんしゅ}いたします。

▶ 「遵守」は「規則に従って守る」という意味。同音の言葉である「順守」も同じ意味ですが、ビジネス上や法律などの公文書では、「遵守」が使われることが一般的です。

—— Level Up ——

「微力ながら」

「微力ながらご支援いたします」などと使います。「わずかな力しかありませんが」と、自分の力や技術を謙遜しながらも、相手に協力する気持ちを伝える表現です。「及ばずながら」なども同様に使えますが、こうした表現は相手によっては頼りないと思われることもあるため、状況に応じて使いましょう。

会議・打ち合わせ

157

scene 18 質問する

　質問の仕方は仕事に大きく関わります。相手から自然に聞き出す表現を身につけましょう。

✔ 尊重する気持ちを忘れない

　自分の聞きたいことだけを質問していては、相手の気分を損ねてしまうことがあります。相手を尊重する気持ちを忘れないことが大切です。

✔ 質問内容の優先順位を考える

　質問したい内容が複数あるときは、重要度や緊急性の高いことから聞くようにしましょう。

初級

別のことを聞きたいのですが…

つかぬことを伺いますが…

▶ それまでの話題と異なる話を聞きたいときに使う表現です。
また、話を切り出すときに突然で申し訳ない気持ちを伝える
ときにも使います。

初級

見てくれましたか。

ご覧になっていただけましたか。

▶ 相手に見たかどうか確認したいときに使うフレーズです。自
分よりも目上の人に確認したいときには、「お目通しいただけ
ましたか」といった表現を使うとより丁寧です。

初級

もう少ししっかり説明してくれますか。

具体的には、
どのようなことでしょうか。

▶ 詳細な説明を受けたいときに使うフレーズです。相手の言葉
に抽象的な表現が多い場合に使うことで、曖昧な部分をはっ
きりさせることができます。

会議・打ち合わせ

159

言い換えで会話の達人

>> 話を深める質問＆答え方

会話のキーワードを
引き出す＆提示する。

■ 自由に答えられる質問を

「はい」「いいえ」で答える質問ばかりをしていては、人によってはなかなか話が深まりません。例えば「お休みはいかがお過ごしでしたか」など、相手に自由に答えてもらうような質問をしてみると、その答えから次の会話のキーワードが見つかります。

■ 答えるときは具体的に

反対に自分が質問されたときは、なるべく具体的に答えましょう。休みにどうしていたかという質問に対しては「家でのんびりしていた」よりも「家で映画を見ていた」「料理をつくってゆっくり過ごした」などと答えると、それをきっかけにして会話が広がります。

会議・打ち合わせ

scene 19 意見を言う・説明する

自分の意見を相手に伝えるために的確に表現を使い分けて、仕事の成功につなげましょう。

✔ 相手のことを把握する

うまく説明ができるようになるには、まず「相手の求める情報は何か」を把握することが大切です。

✔ 意見が提案につながる

「意見」と似た言葉に「提案」がありますが、意味は若干異なります。まずは自分の「意見」を明確にし、その上で相手への「提案」をしましょう。

中級

正直に言うと、この企画は無理でしょう。

ありていに言えば、この企画は実現が難しいでしょう。

▶ 「ありてい（有り体）」は、ありのままであること、ありふれたこと、という意味。隠すことなく、素直に物を言うときに使う表現です。似た表現に「率直に申し上げて」があります。

中級

遠慮しないで言ってください。

忌憚（きたん）のないご意見をお聞かせください。

▶ 「忌憚」とは、はばかり、遠慮するという意味です。この忌憚を打ち消していることから、「気を遣わずに、正直な気持ちを言ってほしい」という気持ちを伝えるフレーズです。

—— Level Up ——

常識論だけを言わない

　意見を述べる際、自分を主語にしないで「普通は」「一般的には」といった言葉を使う場合があります。自分の考えが主観的ではないことを示すためですが、曖昧（あいまい）な基準にのっとった常識論だけでは、相手を納得させることはできません。「私はこう思う」と、自分の考えを明言することも時には大切です。

上級

はっきり言わせてください。

直言させていただきます。

▶ 立場を越えて発言するときに使われるフレーズです。このフレーズの前には、「今後のために失礼ながら…」などのクッション言葉を入れるようにしましょう。

上級

本音で話しましょう。

胸襟を開いて語りましょう。

▶ 心の内を包み隠さず、打ち明けて話したいときに使う言い回しです。「腹蔵なく語る」「腹を割って話す」といったフレーズも同じ意味の表現です。

上級

言い方が悪いかもしれませんが…

こう申し上げては
語弊があるかもしれませんが…

▶ 誤解される恐れのある話を表明するときのフレーズ。「言い方が悪く、誤解を招くかもしれないが」と断りを入れることで、相手に慎重に内容を受け取ってほしい気持ちを伝えます。

初級

知っているとは思いますが…

ご存知の方もいらっしゃるかと思いますが…

▶ 既に知っていると思われる情報を伝えるときの表現で、確認や念押しをする意味合いも含まれています。「お聞き及びのことと思いますが…」なども同じ場面で使えます。

中級

取引先のことで言っておきたいことがあります。

取引先の件について、お耳に入れておきたいことがございます。

▶ 相手にとって重要な情報を伝える前に、クッションとしてつけ加える表現です。これを聞いた相手は、改まって聞く姿勢を取ることができます。

――― **Level Up** ―――

「…する運びと相成りました」

　会議などで決まったことや説明事項を伝える際に使うフレーズ。「…しました」と断言する表現を避け、「…となりました」と表現し、さらに「…する運び」をつけて和らげます。「相成る」の「相」は動詞について、言葉の調子を整える役割があります。これによって改まった表現になります。

会議・打ち合わせ

165

基本

気をつけてください。

どうぞお気をつけくださいませ。

▶ 注意を促すときの定番フレーズです。「…くださいませ」は柔らかい印象を与えるため、接客業などに携わる女性がよく用いる表現です。

中級

十分に注意してください。

くれぐれもご留意ください。

▶ 「留意」は、心に留めて気をつけること。「注意」という言葉より柔らかく丁寧なニュアンスがあります。また、「くれぐれも」と添えることで、念を押す気持ちを表現できます。

中級

二度と失敗しないようにしてください。

こうした問題がまた起こらぬよう、
注意を喚起します。

▶ 相手のミスに対し反省を求める改まった表現です。「失敗するな」と伝えるのではなく、注意を促すことで、相手に反省の気持ちを持ってもらうことができます。

初 級

先に動くことが大事です。

先手を打つことが肝要です。

▶ 相手が物事を起こす前に行動し、相手よりも優位に立つことを表したフレーズです。また、行動の結果として優位に立つことを「先手を取る」と表現します。

中 級

この地域でライバルを制して優位に立つには…

この地域において競合各社の
機先を制するには…

▶ 「機先」は物事が起こる直前のこと。「先手を打つ」と同様、先んじた行動で相手より優位に立つことを意味します。相手との競争や戦いにおいて使われる表現です。

―― Level Up ――

読み方が2つある言葉

　ビジネスでもよく使われる「重複」は「ちょうふく」が本来の読み方ですが、「じゅうふく」とも読まれます。これは「慣用読み」と言って、誤った読み方を多くの人がするようになった結果、間違いではないとされるようになったものです。他に「早急」は「さっきゅう」が本来の読みですが、「そうきゅう」とも読みます。

会議・打ち合わせ

基本

では、今の状況を説明します。

では早速ですが、現在の状況についてご説明申し上げます。

▶ 余計な前置きを入れず、すぐに本題に入る際に使います。お互いに急いでいるときによく使われる表現で、メールなどでは「さて」「ところで」といった言葉が同じように使われます。

中級

前から相談していたことですが…

先般（せんぱん）よりご相談いたしておりました件ですが…

▶ 「先般」は「この前、先頃」という意味で、改まった文書で話題を切り出すときによく使われます。相手も知っている比較的近い時期の出来事について話すときに使います。

初級

時間がないので、必要なことだけ言います。

手短に、要用のみお伝えします。

▶ 「要用」とは、必要なこと、重要なこと。用件だけを伝えるときに使います。これまでのやり取りで、相手との確認が十分取れていることが前提となります。

初級

とりあえず、先に伝えておきます。

取り急ぎ、ご連絡のみにて失礼します。

▶ 「準備が不十分である現状ですが」というニュアンスの言葉で、メールでよく使われます。用件のみを伝える表現ですが、「失礼します」という文末を省略しないほうが丁寧です。

——— Level Up ———

「取り急ぎ」の使い方

「取り急ぎ」は便利なフレーズですが、こちら側の不備を伝える表現でもあるので、使い方を誤ると失礼になってしまいます。取引先など目上の相手には「まずは」などと言い換える、お礼やお詫びをするときには使わない、使う場合はあとで改めて連絡を入れ直す、などの注意が必要です。

会議・打ち合わせ

169

scene 20 アピールする

　相手に不快感を与えず、自分の能力をアピールする表現を身につけましょう。

✓「忙しい」アピールはしない

　「休みがない」「徹夜で…」など自分の忙しさをアピールすることは、自慢にも聞こえるため、避けましょう。

✓「経験」でアピールする

　「取引先の○○さんに気に入られている」という言い方は、同僚の反感を買う恐れも。「何度か一緒に仕事をした」など「経験」をアピールしましょう。

初 級

その仕事には自信があります。

その仕事でしたら、
腕に覚えがあります。

▶ 自分のスキルに自信があることを伝える言葉です。ストレートに「自信がある」と言うよりも信頼感が感じられます。他に「自負しています」といった表現もあります。

中 級

自慢になってしまいますが…

手前味噌ですが…

▶ 「手前味噌」は、自慢すること。営業活動の際にはこのフレーズを使うことで、自社の製品やサービス、業績などを自然な形でアピールすることができます。

── Level Up ──

「得意」は「好き」に言い換える

　ビジネスにおいて自己アピールは必要ですが、自分ができることを強く主張しすぎては自慢と取られてしまいかねませんので、言い方に気をつける必要があります。例えば「○○が得意です」とアピールするのではなく、「○○が好きです」と表現を変えることで、自慢しているニュアンスが弱まります。

会議・打ち合わせ

初級

何でも言ってください。

何なりとお申しつけください。

▶ 上司や先輩から仕事の指示をもらいたいときに使うフレーズ
です。「お申しつけください」には、「いつでも準備ができて
います」というニュアンスも含まれています。

中級

仕事の依頼をお待ちしています。

いつでもご用命ください。

▶ 取引先などに対して、仕事の依頼を受けたいときに使います。
「必要があれば声をかけてください」という気持ちを伝えるこ
とのできるフレーズです。

中級

担当を任されました。

お役目をいただきました。

▶ 会社にとって重要な案件のリーダーなどを任された際に使い
ます。ただし「お役目」には、義務でしなければならない仕
事という意味もあるため、使う場面には注意が必要です。

中級

楽勝です。

お安いご用です。

▶ 仕事を引き受ける場面で使うフレーズです。「ご用」は用事や商談の丁寧語です。快く引き受ける気持ちを表すことで、依頼主の恐縮した気持ちを和らげる効果もあります。

上級

今度、課長になった〇〇です。

この度、課長職を拝命いたしました〇〇と申します。

▶「拝命する」は、任命されることをへりくだった表現です。「任務を授かる」「大役を仰せつかる」というフレーズも同様の意味合いを持つ表現です。

会議・打ち合わせ

四季折々の言葉

花曇り
はなぐも

桜の花が咲く頃の、うっすらと曇った天気のこと。また、この季節に一時的に冷え込むことを「花冷え」と言います。

五月雨
さみだれ

陰暦の5月頃（梅雨の頃）に降る雨。降ったりやんだりを繰り返すことから、断続的であることを表す場合もあります。

野分
のわき

「のわけ」とも読み、台風の昔の言い方です。強い風が秋の野の草木を吹き分けることからきています。

小春日和
こはるびより

晩秋から初冬にかけての春のように穏やかで温かい天気を示す言葉。「春」が入りますが、俳句では冬の季語です。

［参考文献］

『大人なら知っておきたい　モノの言い方サクッとノート』（永岡書店）

『大人の語彙力ノート』（SB クリエイティブ）

『好かれる人が絶対しないモノの言い方』（日本実業出版社）

『大人の語彙力が使える順できちんと身につく本』（かんき出版）

『好かれる人が無意識にしている言葉の選び方』（すばる舎）

『できる大人のモノの言い方大全』（青春出版社）

『会話力の基本』（日本実業出版社）

『能力はあるのにもったいない人の言葉づかいのルール』（明日香出版社）

文	櫻井啓示
イラスト	桜井葉子
装丁デザイン	冨澤崇（EBranch）
本文デザイン	渡辺靖子（リベラル社）
編集	高清水純（リベラル社）
編集人	伊藤光恵（リベラル社）
営業	津田滋春（リベラル社）

編集部　堀友香・上島俊秀・山田吉之
営業部　津村卓・廣田修・青木ちはる・榎正樹・澤順二・大野勝司

すぐに使えて一生役立つ 大人の語彙力

2018 年 10 月 29 日　初版
2022 年 4 月 9 日　再版

編　集	リベラル社
発行者	隅田　直樹
発行所	株式会社 リベラル社
	〒460-0008　名古屋市中区栄 3-7-9　新鏡栄ビル 8F
	TEL.052-261-9101　FAX.052-261-9134
	http://liberalsya.com
発　売	株式会社 星雲社（共同出版社・流通責任出版社）
	〒112-0005　東京都文京区水道 1-3-30
	TEL.03-3868-3275

©Liberalsya. 2018 Printed in Japan　ISBN978-4-434-25268-6　C0030
落丁・乱丁本は送料弊社負担にてお取り替え致します。　211002